Trödel sammeln und restaurieren

ECON Ratgeber

Heiner Vogelsang

Trödel sammeln und restaurieren

1000 Tips für den Umgang mit alten Stücken

ETB
ECON Taschenbuch Verlag

Mit Zeichnungen von Hubert Danelcik

CIP-Kurztitelaufnahme der Deutschen Bibliothek

Vogelsang, Heiner:
Trödel sammeln und restaurieren: 1000 Tips für
d. Umgang mit alten Stücken / Heiner Vogelsang.
[Mit Zeichn. von Hubert Danelcik]. – Orig.-Ausg., Nachaufl. –
Düsseldorf: ECON Taschenbuch Verlag, 1987.
(ETB 20042; ECON Ratgeber: Hobby)
ISBN 3-612-20042-9

2. Auflage 1987

Originalausgabe

Umschlagentwurf: Ludwig Kaiser
Titelfoto: Krista Boll, Michael Fiala
Druck und Bindearbeiten: Ebner Ulm
Printed in Germany
ISBN 3 612 20042 9

Inhalt

Vorwort

Trödel ist nichts Wertloses, Weggeschmissenes, sondern durchaus oft ein recht gut erhaltenes altes Stück, das, aufgearbeitet und gepflegt, nützlich und gewissermaßen wertvoll sein kann. Aber es ist etwas, was ein anderer nicht mehr gebrauchen kann und deswegen verkauft, verschenkt oder auf den Sperrmüll stellt. Trödel kann alt sein, er unterscheidet sich in der Begriffsbestimmung aber deutlich von einer Antiquität.
Echte, wertvolle Antiquitäten findet man heute ganz sicher nicht auf dem Flohmarkt. Sie sind in exklusiven Auktionshäusern zu haben oder in Museen zu bewundern.

Sollten Sie eine Antiquität besitzen, dann versuchen Sie auf keinen Fall, irgend etwas daran auszubessern oder zu restaurieren. Der Laie wird hier immer mehr schaden, als er sich vorstellen kann. Denn auch wenn er noch so geschickt arbeitet, ist der Hinweis auf einen bekannten Restaurator beim eventuellen Verkauf wertvoller, als das Eingeständnis, hier selbst etwas restauriert zu haben. Ein Blick auf die Preise, die solche Gegenstände erzielen, und die Möglichkeit, mit einem ungeschickten Handgriff einen solchen Wert zu zerstören, wird auch den Mutigsten davon überzeugen, daß er bei einem Museumsstück nur staubwischen sollte.

Wer gern über den Flohmarkt geht oder in Trödelläden stöbert, wird hier diesen oder jenen praktischen Hinweis finden, um sein gutes Stück ein wenig aufzuarbeiten.
Dabei sollte immer der Blick für die eigenen Fähigkeiten und Talente offenbleiben, woraus sich auch das Machbare ergibt. Und noch etwas: Probieren Sie zunächst an einer weniger sichtbaren Stelle und warten Sie die Wirkung von Abbeizern,

Lacken, Farben und Klebern ab. Erst wenn Sie sicher sind, sollten Sie mit der Arbeit beginnen.
Wer seine eigenen Fähigkeiten einzuschätzen weiß und nicht nach der Hauruck-Methode arbeitet, wird an diesem Büchlein viel Freude haben.

Wie finde ich auf dem Flohmarkt das Richtige?

Wie überall im Leben, gilt auch hier das Wort »rechtzeitiges Kommen sichert gute Plätze«. Und natürlich muß man sehr genau wissen, was man will. Wer per Zufall irgendwo einen Flohmarkt sieht, braucht sich wirklich nicht der Hoffnung hinzugeben, hier das langersehnte, fehlende Stück für seine Sammlung zu finden.

Sie sollten Ihren Flohmarktbesuch genau planen. Und sich unter keinen Umständen unter Erfolgszwang stellen. Wenn Sie hier und heute nichts finden, dann läßt sich das nicht ändern. Ein Tag auf dem Flohmarkt ist immer ein Gewinn. Sie haben einen Spaziergang an frischer Luft getan und sicher auch ein paar nette Leute kennengelernt. Ihr kritischer Blick wurde geschärft, und Sie haben sicher mancher Verlockung widerstanden, weil sie sich als nicht einwandfrei herausstellte.

Erscheinen Sie rechtzeitig, aber lassen Sie sich Zeit. Wenn Sie verhandeln, hören Sie erst einmal grundsätzlich nicht hin, wenn man Ihnen erzählt, es handele sich um ein Erbstück von der Urgroßmutter. Suchen Sie mit stoischer Gelassenheit solange nach dem Stempel aus Hongkong, bis Sie ihn gefunden haben. Und dann sagen Sie dem Schlitzohr, er möchte doch die schlitzäugige Verwandtschaft bestens grüßen.

Wann und wo ist Flohmarkt?

Das muß man natürlich ganz genau wissen. In unserer organisierten und teilweise überinformierten Zeit ist das aber kein Problem. In jeder Stadt gibt es regelmäßig erscheinende Blättchen, die ganz ausführlich über alles informieren, was sich auf der »Szene« tut. Neben kulturellen und subkulturellen Veranstaltungen sind die örtlichen Flohmarkttermine verzeichnet. Manchmal gibt es sogar kleine Beschreibungen über die Angebotsschwerpunkte der verschiedenen Flohmärkte.

Die Infohefte oder Szenenblättchen bekommt man normalerweise am Kiosk und im Zeitschriftenladen. Wenn Sie fremd in einer Stadt sind, wenden Sie sich doch einfach an die Touristeninformation, dort wird man Ihnen ganz sicher weiterhelfen, und die Szenenblätter gibt's dort auch zu kaufen.

Überlegen Sie sich vorher, was Sie kaufen wollen und wieviel es kosten soll

Das ist ganz wichtig. Dem großen Zufall kann man überall und immer begegnen. Dann heißt es sowieso, sich sofort und ohne Zögern zu entscheiden. Aber das wäre ja fast schon wie bei einer Bestellung.

Auf dem Flohmarkt jedoch kann man nichts bestellen. Man muß mitunter lange suchen und geht oft nach Hause, ohne das Richtige gefunden zu haben. Bevor Sie also einfach drauflos schlendern, überlegen Sie in aller Ruhe, was Sie kaufen wollen und welchen Preis Sie dafür zahlen wollen.

Natürlich hängt gerade der Preis von Ihren finanziellen Möglichkeiten ab, aber auch sehr von Ihrem Verhandlungsgeschick. Und von Ihrer Information über den Markt.

Der Flohmarkt ist immer Anbieter- und Käufermarkt zugleich. Beide Seiten wissen zwar ihr Limit, aber wo dieses Limit wirklich liegt, wird dem Verhandlungspartner durch alle nur erdenklichen Täuschungsmanöver verborgen.

Der Verkäufer stöhnt grundsätzlich beim ersten Gebot, daß es viel zu gering ist und ihm den Ruin bringt. Der Käufer wird daraufhin ebenso theatralisch seine Geldbörse leeren und hoffentlich über soviel Fingerfertigkeit verfügen, um noch einige »Joker-Scheine« vorher diskret verschwinden zu lassen. Man wird sich schon näherkommen, denn irgendwo muß für beide Seiten ja die Schere zugehen.

Sofort und bedenkenlos ja sagen sollten Sie nur in den seltensten Fällen. Das verdirbt nämlich zumindest den Spaß an der Freud.

Verschaffen Sie sich einen Überblick

Rechtzeitiges Kommen sichert gute Plätze. Das wissen vor allen Dingen auch die Verkäufer. Erscheinen auch Sie rechtzeitig und beobachten Sie. Vielleicht schauen Sie sich den Ort schon einmal am Tage vorher an. Dann wissen Sie bestens Bescheid über Parkmöglichkeiten, Anfahrtswege usw. . . Vielleicht hilft ein Trick: Tun Sie so, als wären Sie Kollege, als wollten auch Sie einen Stand aufbauen. Erkundigen Sie sich über das Publikum und »die Konkurrenz«. Wenn dann etwas Interessantes dabei ist, wird man doch auch als privat interessierter Kollege handeln dürfen . . .

Wenn alle Stände aufgebaut sind, machen Sie Ihren Rundgang. Das bedeutet große Konzentration. Ein Blick wird genügen, um zu sagen: an diesem Stand könnte ich etwas finden. Halten Sie sich nicht an Ständen auf, deren Angebot gar nicht in Ihre Richtung geht. Aber hasten Sie auch nicht zu schnell durch die Reihen – gewiefte Händler erkennen den unruhigen Kunden aus dem Augenwinkel heraus.

Lassen Sie sich im Strom treiben, und wenn Sie einen Stand entdecken, der zwar das Gesuchte nicht hat, dafür aber Dinge in der gleichen Richtung anbietet, dann fragen Sie gezielt. Vielleicht ist es noch nicht ausgepackt oder liegt noch auf dem Speicher.

Nehmen Sie einen Freund mit

Zu zweit ist man immer stärker und – vier Augen sehen mehr als zwei. In Gesellschaft bringt es natürlich auch viel mehr Spaß, über den Flohmarkt zu schlendern, als ganz allein die Stände abzuklappern.

Zu zweit können Sie sich gut beraten, und mit einem nüchternen Wort ist schon mancher aus seinen Träumen zurückgeholt worden. Wenn Sie sich vorher auch noch beraten, was wer erstehen will, ist auch die Suche einfacher. Was Sie übersehen haben, kann Ihr Partner ja sofort erblickt haben.

Und bei den Kaufhandlungen können Sie leicht ein kleines Rollenspiel üben, wenn Sie als Konkurrenten auftreten. Oder als Miesmacher. Oder als Sachkundiger, der »soviel nicht bezahlen würde« oder das Stück als »die Gelegenheit« bezeichnet.

Sie sollten über Ihr Sammelgebiet Bescheid wissen
Nur wer über den Markt informiert ist, kann auch den Wert der Angebote taxieren. Als fortgeschrittener Flohmarktbesucher müssen Sie erst einmal sachlich über das Sie interessierende Sammelgebiet informiert sein. Sie müssen über Stilrichtungen und Erkennungsmerkmale Bescheid wissen, führende Hersteller oder Künstler und ihre Eigenarten kennen, die Materialien und die Verarbeitungstechniken beurteilen können. Dann können Sie sehr schnell beim Verhandeln Gegenargumente bringen und sind im Vorteil.

Wie kann ich guten von schlechtem Trödel unterscheiden?

Wenn es hier um das Äußere geht, ist die Frage leicht und schnell zu beantworten: auf einen Blick. Denn bei vielen Dingen sollten Sie sich nach Abklingen der ersten Begeisterung ganz nüchtern die Frage stellen, ob sich die Anschaffung wirklich lohnt. Dabei ist der Preis gar nicht so entscheidend. Viel wichtiger ist es, ob Sie mit den Ihnen zur Verfügung stehenden Mitteln (Werkzeug, Räumlichkeiten, Zeit) ein gutes Ergebnis erzielen können, wenn es ums Aufarbeiten geht.
Dabei sind die eigenen Ansprüche entscheidend. Wer Antiquitäten als Wertanlage anschafft oder Wert auf Originale in einwandfreiem Zustand legt, der sollte lieber einen Restaurator bemühen. Denn laienhaft oder nicht sachgemäß ausgeführte Reparaturen mindern den Wert. Aber es geht in diesem Buch auch nicht um die Aufarbeitung alter Museumsstücke, sondern um das Pflegen und Restaurieren von altem Trödel.

Schmutz ist vergänglich
Staub auf einem Möbel oder Rostflecken an der Messerklinge sind nicht so sehr Zeichen des Alters, sondern eher Ausdruck mangelnder Pflege. Wenn wir in unseren eigenen vier Wänden nicht regelmäßig saubermachen würden, wären auch die neuesten Anschaffungen sehr bald mit jener Patina überzogen, von der wir meinen, daß sie zu einer Antiquität gehört. Am besten ist das nach dem Urlaub festzustellen.
Was auf dem Flohmarkt angeboten wird, ist oft erst kurz vorher vom Speicher geholt worden und nur leicht abgestaubt. In Fugen, Ecken und Ritzen wird mit Sicherheit noch Schmutz zu finden sein. Eine Staubschicht ist deswegen ganz und gar nicht der Beweis für Echtheit oder hohes Alter, sie ist aber erst recht nicht ein Grund dafür, vom Kauf abzusehen. Das Möbel muß halt nur gesäubert werden.

Wichtiger ist, zu prüfen, welche Schäden sich unter einer verschmutzten Oberfläche verbergen. So ist bei allen Verunreinigungen, die kein Staub sind, Vorsicht geboten. Zu leicht kann die Lackschicht in irgendeiner Weise geschädigt sein. Dem sollten Sie sofort auf den Grund gehen. Scheuen Sie sich nicht, mit einem Taschentuch an der betreffenden Stelle zu wischen – natürlich nur mit Einverständnis des Verkäufers.

Zerstörende Schäden

So etwas wird eigentlich nicht angeboten, denn bei allerbestem Willen und größten Überredungskünsten würde niemand z. B. eine Kommode kaufen, die ganz und gar vom Holzwurm oder Schwamm befallen ist.

Ein leichter, versteckter Schädlingsbefall kann aber bei oberflächlicher Prüfung leicht übersehen werden. Also denken Sie daran, daß Holzwürmer lichtscheu sind und den Drang nach oben haben. Dort, wo bereits von der Konstruktion her Teile aufeinandertreffen, können auch leicht Fugen entstehen. Besonders, wenn sich die Verbindung lockert.

Der früher übliche Knochenleim wird z. B. oft körnig und bröckelig. In Verbindung mit Feuchtigkeit ist das der ideale Nährboden für Pilze und tierische Schädlinge. Prüfen Sie also die konstruktiven Verbindungen (Zarge/Bein usw.), jede Spur von Feuchtigkeit ist verdächtig. Ziehen Sie alle Schubladen heraus und betrachten Sie Seiten- und Rückwände sowie den Deckel und gerade den Korpus von innen.

Die Standfüße sind immer eine Problemzone. Allein schon beim Möbelrücken kann es hier leicht zu Beschädigungen kommen. Und hier findet auch der Temperaturübergang zwischen Möbel und Fußboden statt. Diese spezielle Klimazone wird von vielen tierischen Schädlingen und von Pilzen bevorzugt.

Einzelteile tun's auch

Wenn die Standfüße unterm Schrank lose sind oder wenn eine Schranktür neben dem Korpus lehnt, ist das überhaupt kein Grund, das Möbel nicht zu kaufen. Die Teile müssen nur komplett sein. Eventuell hätte das Möbel später ohnehin

beim Aufarbeiten auseinandergenommen werden müssen. Das ist z. B. immer dann der Fall, wenn nachgeleimt werden muß. Lockere Verbindungen kann man nicht durch Einspritzen von Leim wieder festigen – zunächst muß der alte Leim entfernt und die Verbindungsstelle gesäubert werden. Dazu aber muß das Möbel ohnehin auseinandergenommen werden. Wenn es also schon in seinen Einzelteilen zu haben ist, warum sollten Sie es nicht mitnehmen?
Voraussetzung ist natürlich, daß alle Einzelteile vorhanden sind, und daß die Teile nicht beschädigt sind. Kontrollieren Sie, ob die Scharniere nicht gewaltsam herausgerissen oder die Füße abgebrochen sind.

Fehlende Teile
Hier kann es sich um Beschläge, Zierleisten oder auch Glasscheiben usw. handeln. Dafür gibt es in den meisten Fällen Ersatz. Schlüssel und Schlüsselschilder können schon recht häufig fehlen – es ist aber nicht schwer, einen im Stil passenden Schlüssel zu besorgen und entsprechend hinzufeilen.
Auch Beschläge kann man neu anfertigen – vorausgesetzt, es gibt dafür ein Vorbild. So achten Sie immer darauf, daß ein Pendant vorhanden ist. Davon können Sie dann einen Abdruck nehmen und die fehlenden Teile nachgießen.
Wenn alle Beschläge fehlen und Sie keine Vorlage haben, müssen Sie entsprechende Teile besorgen und anbringen. Schlüsselschilder und Schnitzleisten gibt es fix und fertig zum Anmontieren.

Der Flohmarktfund soll restaurationsfähig sein
Restaurationsbedürftig werden fast alle Flohmarktfunde sein – um sie wieder in einen akzeptablen Zustand zu versetzen, müssen sie aber auch restaurationsfähig sein.
Das bedeutet für den Käufer, daß er sich auch darüber im klaren sein muß, wie die Reparatur durchzuführen ist. Dazu gehört eine ehrliche Einschätzung der eigenen Fähigkeiten und Möglichkeiten. Und natürlich müssen Aufwand und Ergebnis auch in einem abgewogenen und vertretbaren Verhältnis zueinander stehen. Immer sollte die Wiederherstellung

des Originalzustandes im Vordergrund stehen. Und die Originalteile sollten wieder hergerichtet werden. Sind zu viele Teile neu anzufertigen oder ist zuviel zu ergänzen, dann kann man nicht mehr von Restaurieren sprechen.

Die Holzart muß stimmen

Wie bei allen Modeströmungen, so gab es auch bei den verschiedenen Möbelstilen immer ein besonders bevorzugtes Material. Das waren z. B. die hellen Hölzer des Biedermeier oder das im Jugendstil bevorzugte Mahagoni. Aber beim Jugendstil wurde auch sehr oft farbig lackiert. Damit wollte man den für die Serienherstellung verwendeten Nadelhölzern mehr Farbe und Charakter geben.

Bis zur Erfindung der Furniersäge durch den Augsburger Georg Renner im 16. Jahrhundert waren alle Möbel grundsätzlich aus Massivholz gefertigt. Richtig in Mode kam das Furnieren aber erst um 1700, als sich bei den deutschen Kunstschreinern eine richtige »Nußbaumwelle« ausbreitete. Je nach Sägetechnik gab es drei unterschiedliche Färbungen: In Längsrichtung gesägt hat das Furnier die allgemeine, hellere Nußbaumfärbung, weil der Schnitt ja ebenso erfolgt wie beim Brett. Wird der Stamm quer gesägt, entsteht das Maserfurnier mit schwarzer wolkiger Zeichnung. Wird nur der innere schwarze Kern des Stammes in Querrichtung gesägt, entsteht das dunkle Wurzelmaserfurnier. Das ist bei allen Holzarten in etwa ähnlich.

Heute wird das Furnier nicht mehr gesägt, es wird »geschält«. Schälfurnier verläuft immer mit der Maserung. Der Stamm wird eingespannt, und ein Messer schneidet ihn in ein endlos dünnes Blatt – so als würde eine Rolle Papier abgespult.

Das moderne Furnier ist auch immer wesentlich dünner als das alte Sägefurnier: Eine Dicke von 1 mm ist heute schon sehr gute Qualität, das Sägefurnier unserer Altvordern war aber immer etwa 3 mm dick. So etwas können Sie mit dem bloßen Auge erkennen. Wenn also vom Furnier irgendwo ein Stückchen abgeplatzt ist, können Sie aufgrund der Dicke sofort erkennen, ob es sich um ein wirklich altes Stück oder um eine Fälschung bzw. Ausbesserung handelt.

Furniere wurden und werden immer aus zwei Gründen eingesetzt: zum einen, um minderwertiges Holz zu kaschieren, zum anderen, um mit Holz »ein Bild zu malen« – Intarsien, Marketerie und die Boulletechnik sind dafür eindrucksvolle Beispiele.

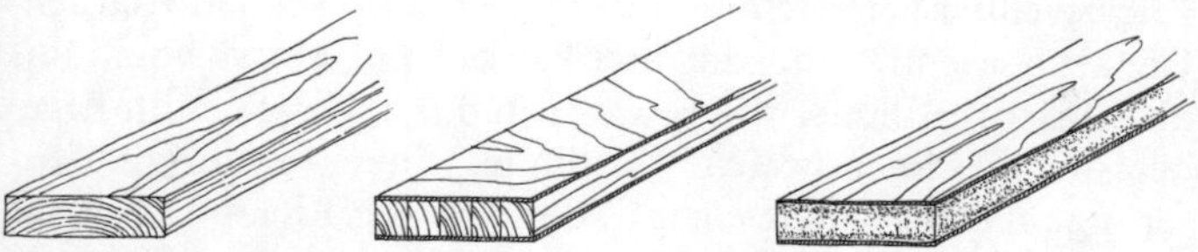

Von links: Massivholz, Tischlerplatte furniert, Spanplatte furniert. Die drei gebräuchlichsten Holzarten. Die Spanplatte ist ein Produkt neuerer Zeit und hat im antiken Möbel nichts zu suchen.

Natürlich gab es – wie auch heute – regional bevorzugt verarbeitete Hölzer und auch richtige Modehölzer. Im Norden bevorzugte man seit eh und je Eichenholz, in den Alpenländern Nadelholz. In Frankreich und Italien wurde hauptsächlich Nußbaum verarbeitet. Kirschbaum dagegen ist ein echtes Modeholz aus dem Biedermeier – damals genauso beliebt wie das Teakholz der 60er und die Kiefer der 70er Jahre unseres Jahrhunderts.

Buche wurde im 17. und 19. Jahrhundert in England viel zu Stühlen verarbeitet, Esche nahm man Mitte des 19. Jahrhunderts gern für Schlafzimmermöbel.

Mahagoni verdrängte ab Mitte des 18. Jahrhunderts das Nußbaumholz – zunächst in England und dann auch im übrigen Europa. Man verarbeitete hauptsächlich »echtes« (kubanisches) Mahagoni aus Mittelamerika, und zwar sowohl massiv als auch als Furnier. Die Qualität läßt sich leicht feststellen: feuchten Sie die unbehandelte Rück- oder Innenseite eines Möbels mit dem nassen Finger an. Echtes Mahagoni verfärbt sich jetzt dunkel, asiatisches Holz (hauptsächlich von den Philippinen) wird hell und rosig, afrikanisches Mahagoni nimmt einen mittleren Tonwert an. Bei furnierten und polierten Flächen läßt sich diese Kontrolle nicht durchführen.

Nußbaum mit seiner gleichmäßig schönen Zeichnung wurde also hauptsächlich in Italien und Frankreich verarbeitet, konnte aber mit Beginn des 18. Jahrhunderts auch die Eiche in Norddeutschland und den Niederlanden verdrängen.
Den Unterschied zwischen Massivholz und furniertem Holz kann auch der Laie leicht herausfinden: Ein Blick auf die Rückseite der betreffenden Fläche verschafft schnell Klarheit. Genauso wichtig sind die Brettkanten. Bei Massivholz läuft die Maserung immer wie gewachsen durch den Schnitt. Ergeben sich hier irgendwelche Unstimmigkeiten, verläuft die Maserung an den Kanten sogar in der gleichen Richtung wie auf der Fläche, wurde hier furniert.

Signaturen
In Frankreich waren im 17. und 18. Jahrhundert die Schreiner durch Zunftgesetze verpflichtet, ihre Erzeugnisse zu signieren. Ausgenommen davon waren nur Schreiner und Künstler, die direkt für den König arbeiteten. Begonnen hat diese Sitte mit den sogenannten Ebenisten. Das waren die »Ebenholz verarbeitenden Schreiner«, die von der Pariser Schreinerzunft zur Ausführung von Bildhauerarbeiten ermächtigt worden waren.

Die Signaturen von Charles Cressent (1685–1768) und Jean François Oeben (1720–1763). Beides bedeutende Ebenisten.

Im 18. Jahrhundert verpflichtete man auch die einfachen Möbelschreiner, die Menuisiers, dazu, ihre Möbel zu signieren. Diese Sitte fand natürlich Nachahmer, und auch bei Erzeugnissen aus unserer Zeit findet man mitunter einen versteckten Hinweis auf den Hersteller.
Gebräuchlich waren vor allem Brand- oder Blindstempel unterhalb einer Zarge oder an den Hinterbeinen.

Sichere Erkennungsmerkmale

Die vielen Markenzeichen bei echtem Porzellan und die Reinheitsstempel bei Edelmetallen. Sie alle hier aufzuführen, würde den Rahmen dieses kleinen Helfers sprengen. Der ernsthafte Sammler wird ohnehin über entsprechendes Fachwissen verfügen. Ansonsten hilft ein Antiquitätenlexikon im Taschenformat. Dort sind unter dem entsprechenden Stichwort auch die Markenzeichen abgebildet und zugleich die wesentlichen Stilerkennungsmerkmale geschildert.

Blättern Sie ruhig in aller Öffentlichkeit im Taschenlexikon, auch wenn Sie mit Bestimmtheit wissen, was vor Ihnen liegt. Schon der Anblick einer solchen Beweishilfe hat nämlich manchen Händler zu ungeahnten Preisnachlässen bewegt ...

Glas

Glas kann bemalt, undurchsichtig und farbig oder klar und durchsichtig sein. Auf dem Flohmarkt begegnet es uns hauptsächlich in der Form von Trinkgläsern. Hier kann man sich schon auf sein kritisches Auge verlassen: geschliffene Gläser haben immer scharfe und exakte Schnittkanten, nachgemachte Preßgläser haben leicht gerundete Kanten, und man kann auch gut die Paßstellen der Form erkennen.

Mein gutes Stück – aus welcher Zeit stammt es? Kleine Stilkunde

Das Wort »Stil« ist vom lateinischen stilus abgeleitet. Der stilus war ein metallener Griffel, mit dem die Römer auf Wachstafeln schrieben. Später übertrug man die Bezeichnung des Schreibgerätes ganz allgemein auf das geschriebene und auch das gesprochene Wort, erst im 18. Jahrhundert gebrauchte man es in unserem heutigen Sinne.

Johann Joachim Winckelmann (1717–1768) verwendete das Wort Stil in seinem Werk »Geschichte der Kunst des Altertums« als Bezeichnung für die Formgebung allgemein. Er teilte speziell das künstlerische Schaffen der Griechen in Zeitabschnitte ein, die jeweils ganz bestimmte Eigenarten in Form, Bearbeitungstechnik und Wahl der Werkstoffe aufweisen. Andere Wissenschaftler haben dann diesen Begriff in der Beschreibung des künstlerischen Schaffens allgemein übernommen.

Die Stilentwicklung in Europa begann mit der Romanik (1000–1250). Dies war die Zeit der Franken und Staufer, und Mitteleuropa war zusammengefaßt im Heiligen Römischen Reich Deutscher Nation. Dieser erste eigenständige mitteleuropäische Stil war noch stark beeinflußt durch römische und byzantinische Vorbilder und durch christlich-religiöses Denken.

Es folgen die strenge Gotik, die lebensbejahende Renaissance, das üppige, prächtige Barock, das verspielte Rokoko, der Klassizismus mit seiner gesetzmäßigen Symmetrie, das behagliche, bürgerlich-bequeme Biedermeier und die Einleitung in die Gegenwart durch den Protest des Jugendstils.

Die Grenzen sind nicht immer klar zu erkennen und oft fließend. Auch gibt es zeitliche Verschiebungen, ehe sich ein Stil von der einen Ecke Europas bis in die andere durchsetzen konnte.

Und natürlich waren die Möbel der modebewußten, progressiven Italiener auch immer ein wenig flotter als die der mitunter etwas konservativen Nordeuropäer, die eigentlich mehr das Gediegene dem Leichten vorziehen.
Weil sich sogar Kunsthistoriker über viele Fragen auf dem Gebiet der Stilentwicklung und Stilgenauigkeit streiten, soll hier auch gar nicht versucht werden – schon aus Platzgründen nicht – eine umfassende Stilkunde zu vermitteln.
Der Stuhl als typisches Möbel soll eine grobe Übersicht über die Entwicklung von der Gotik bis zum Biedermeier geben. Außerdem sind die wichtigsten Stilerkennungsmerkmale genannt und auch die Namen der wichtigsten Modemacher: Schreiner und Entwerfer, soweit sie größere Bekanntheit erreichen konnten.

Die Gotik – 1250–1500

Die beherrschende Kunstgattung in der Gotik war die Architektur, die Möbel waren recht einfach aus Brettern gebaut, und es gab im wesentlichen nur vier Einrichtungsgegenstände: Truhe, Stuhl, Bett und Tisch.

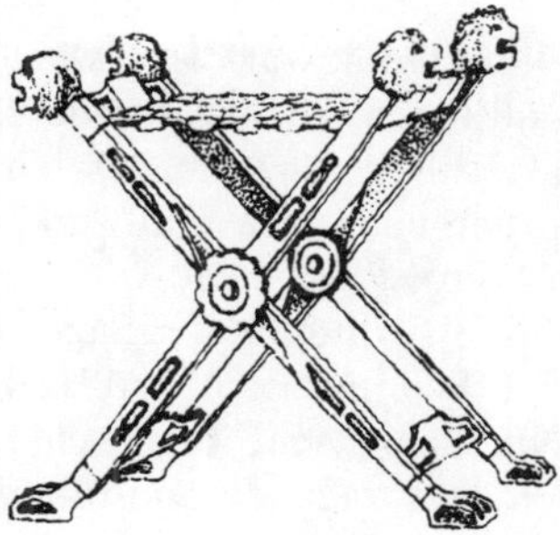

Der Faltstuhl ist sogar noch aus der Antike übernommen. Schon Ägypter, Griechen und Römer saßen auf solchen Möbeln. Der hier abgebildete, reichlich beschnitzte Stuhl war ein Möbel der gehobenen Klasse. So oder in ähnlicher Form wurde er von Fürsten und Geistlichen benutzt.

Als zweite Form waren der Kastensitz und der Pfostenstuhl gebräuchlich, sehr einfache Konstruktionen aus Brettern und Kanthölzern, die aber mit aufwendigem Schnitzwerk belegt waren. Der Pfostenstuhl war aber die Grundlage für Weiterentwicklungen.

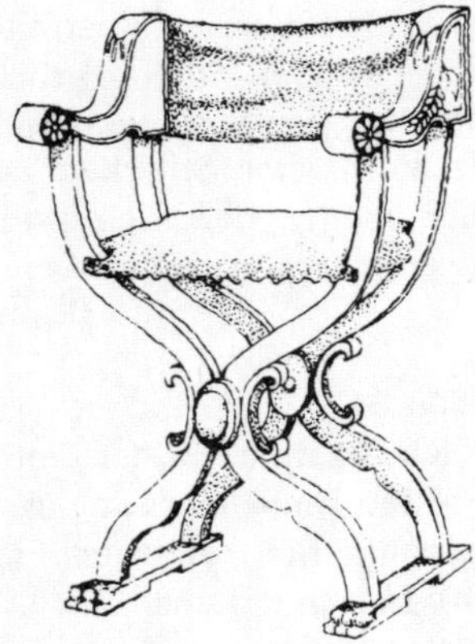

Das Hauptmöbel der Gotik war die Truhe, die ebenfalls nach überlieferten Traditionen gebaut wurde. Allerdings waren auch die Truhen reichlich mit Schnitzereien überzogen. Diese Schnitzereien wurden nach dem Maßwerk, dem mit dem Zirkel gezeichneten Vierpaß, angelegt.
In die Gotik fällt die Erfindung der Sägemühle. Dadurch ergaben sich neue Erkenntnisse in der Holzverarbeitung und der bewußten Nutzung seiner Eigenschaften. In der Konstruktion kommen jetzt tragende und füllende Elemente zum Zuge, die die Festigkeit eines Möbels trotz der leichteren Bauweise auch bei den nichttragenden Teilen beeinträchtigen. Und man berücksichtigt zum ersten Mal in der Konstruktion, daß der Werkstoff Holz »arbeitet«, daß er sich ausdehnt und zusammenzieht, wenn es Temperatur- oder Feuchtigkeitsschwankungen gibt. Wände und Decken werden mit Holz vertäfelt, die Möbel werden an den Wänden aufgestellt, und die

Raummitte bleibt frei. Aus der Truhe entwickeln sich zwei- oder dreigeschossige halbhohe Schränke.
Regional unterschiedliche Entwicklungen entstehen durch die Art der verwendeten Hölzer, die eine materialtypische Bearbeitung begünstigen. Im Norden Europas bevorzugte man Eiche. Im Süden weiche Hölzer.

Typische Ornamentik und Stilerkennungsmerkmale:
Maßwerkverzierungen aus dem Zirkel heraus, Schnitzereien in Ranken, Spitzbögen, Eselsrücken- und Krabbenform, Faltwerkornamentik. Figürliche Darstellungen waren selten.

Bedeutende Schreiner bzw. Entwerfer:
Meistens unbekannt. Als Schreiner und Bildhauer namentlich bekannt ist nur Jörg Syrlin, der Ältere.

Die Renaissance – 1500–1600
Von Florenz ausgehende Rückbesinnung (Wiedergeburt) auf die klassischen Formen des Altertums. Wohlabgewogene Maßverhältnisse mit einem gewissen Verhältnis zur Monumentalität und besonderer Betonung der Horizontalen. Diese

in der Architektur deutlich hervortretenden Stilgesetze übernimmt man auch konsequent im Möbel. Renaissance-Möbel sahen mitunter selbst aus wie kleine Bauwerke. Es entwickelten sich zwar keine grundsätzlich neuen Möbelarten, aber die Möbel wurden durchweg bequemer.
Der Stuhl mit Lederbespannung und Balusterbeinen ist typisch für die Spätrenaissance. Die Abbildung zeigt einen flämischen Stuhl. Mit Leder genagelt oder mit kostbaren Stoffen bespannt, wird der Stuhl jetzt zum bequemen, aber repräsentativen Thron für den selbstbewußten Bürger.
Die Bauweise der Renaissance-Möbel brachte gegenüber der Gotik ebenfalls nichts Neues, Gliederung und Gestaltung aber wurden konsequenter und strenger. Neben der Flachschnitzerei wird mehr figürlich gearbeitet, und überall werden Säulchen und Profile herausgearbeitet. Die sind aber nicht mehr aus dem ganzen Stück geschnitzt, sondern werden mehr und mehr aufgeleimt. Die große Vorliebe für Säulen läßt das Baldachinbett in den Mittelpunkt rücken.
Bei den Möbeln gibt es nichts grundsätzlich Neues, es sind dieselben Typen wie vorher: Bett, Truhe, Tisch und Stuhl. Allerdings gewinnt der Schrank immer mehr an Bedeutung und wird auch mehr variiert: als Anrichte mit vielen kleinen Fächern und auch mit hohen Füßen. Eine Neuentwicklung ist der Klappschreibtisch.
Und Farbe kommt gezielt ins Spiel. Später geht man dazu über, die gemalten Flächen mehr und mehr durch andersfarbige Hölzer zu ersetzen, es entsteht die Intarsie.

Typische Ornamentik und Stilerkennungsmerkmale:
Viel Schnitzerei, neben Ornamenten auch figürliche Darstellungen: Pflanzen, Löwenmotive, Masken, Muscheln, Waffen und Schilde. Architektonische Motive wie Säulen und Pilaster. Füße in Kugelform. Wand- und Deckentäfelung in geometrischen Feldern, Entwicklung der Kassettendecke.

Bedeutende Schreiner bzw. Entwerfer:
Jacques Androuet Ducerceau, Heinrich Ringelink, Peter Flötner.

Das Barock – 1600–1750
Zeitalter der prallen, üppigen und vollen Lebensfreude – aber auch Zeit des Dreißigjährigen Krieges und Ludwig XIV.: Der Staat bin ich! Zeitalter der unbeschränkten Machtentfaltung von Adel und Kirche.

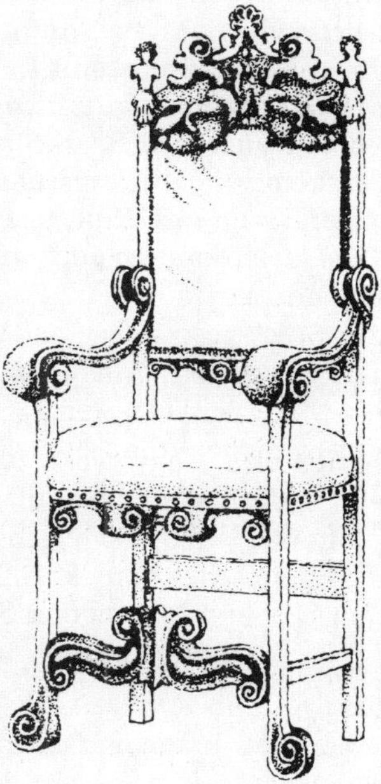

Der Stuhl behält zunächst noch seine Pfostenkonstruktion bei (siehe Abbildung), aber reichliches, üppiges und schwellendes Dekor lösen die strengen Linien auf. Aus dem Prunkstück wird der bequeme, rundum gepolsterte und mit Samt bezogene Sessel mit geschwungenen Armlehnen und geneigter Rückenlehne, in dem sich pracht- und machtbesessene Fürsten wohlig und achtungsheischend rekeln. Die einfacheren Armstühle schmücken die Stuben der Bürger.
Neue Möbeltypen sind der zweitürige Kleiderschrank, der es

möglich machte, daß man Kleider in ihm hängend aufbewahren konnte. Gerade in der Schrankform entwickelten sich viele unterschiedliche Formen, die aber alle wuchtig, repräsentativ und überreichlich mit großzügigen Füllungen verziert waren. Truhen, die wichtigsten Möbel des Mittelalters, verlieren immer mehr an Bedeutung.
Das prächtige Leben brachte neue gesellschaftliche Umgangsformen und die entsprechenden Möbel: Empfangszimmer mit dazugehörigen Stühlen, Konsoltische und Kommoden.
Die Möbel wurden hochglanzpoliert, gestrichen oder bemalt; an Hölzern verarbeitete man vor allem Nußbaum und Eiche sowie – durch den aufkommenden Überseehandel begünstigt – tropische Edelhölzer. Sehr viel Einlegearbeiten und Beschläge – nicht nur aus Holz, sondern auch aus Edelmetallen, Perlmutt, farbigen Steinen usw...

Typische Ornamentik und Stilerkennungsmerkmale:
Korkenziehersäule, Knorpelwerk, Muschelornamente, Akanthusblätter, Voluten, figurales Schnitzwerk, Baluster und Pilaster. Die Schnitzereien tief eingeschnitten, plastisch hervortretend und schwungvoll. Regional sehr eigenständige Stilformen in Deutschland: Rheinischer Barock, Hamburger, Frankfurter, Lübecker, Danziger und Nürnberger Schrank.

Bedeutende Schreiner bzw. Entwerfer:
André Charles Boulle, Jean-François Oeben, Charles Cressent. Gründung der »Manufacture Royale de meubles de la couronne« durch Ludwig XIV. mit dem Ziel einer einheitlich künstlerischen Bewegung unter Leitung eines Meisters. Weil vorzugsweise Ebenholz verarbeitet wird, nennt man die Schreiner Ebenisten.

Das Rokoko – 1730–1780
Die neue Stilrichtung ging vom französischen Hof aus, was wohl eine Folge der Ebenisten-Schule war. Daher auch sehr oft – und in Frankreich ganz offiziell – »Louis-XV.-Stil« genannt. Die Bezeichnung Rokoko kommt von dem Wort ro-

caille (roc – Fels) und trifft sehr gut das Wesentliche: keine geraden Formen, schwungvolle, phantasiereiche Muschelmotive und Blütenranken.

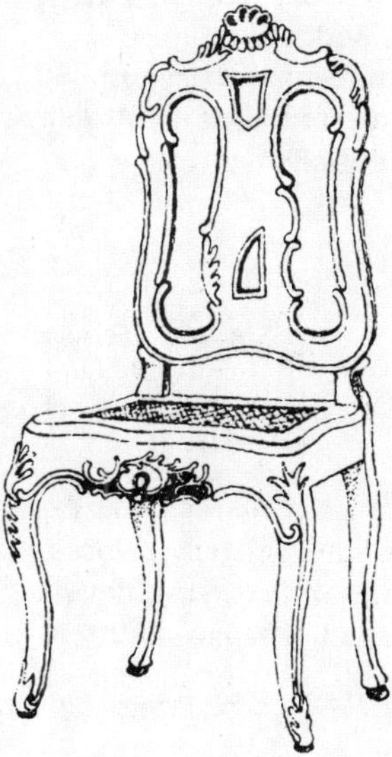

Der Stuhl hat jetzt geschweifte Beine, und die durchbrochene Rückenlehne gibt ihm eine neue Leichtigkeit (siehe Abbildung). Sehr elegante und natürlich bequeme Formen, die zum Sessel mit gepolsterter Rückenlehne und Armpolsterung führen. Ohrenbackensessel und Chaiselongue, der verlängerte Stuhl zum Hochlegen der Beine, sind echte Neuerungen.
Außerdem gibt es immer mehr kleine Möbel, und es wird das Bureau plat eingeführt – eine Mischung aus Schreibtisch und Schreibsekretär. Überall gibt es viele kleine Schubladen und auch versenkbare Fächer.
Die Innenraumgestaltung ist einheitlicher geworden, Möbel und Raum sind jetzt aufeinander abgestimmt. Wände und Decken sind teilweise überreich bemalt. Überhaupt wird alles farbiger. Das gilt sowohl für die Intarsientechnik (hier ver-

wendet man gern exotische Hölzer für gezielte Kontraste) als auch für den Anstrich: Die Möbel werden nicht nur poliert, sondern farbig gestrichen. Die Modefarben: Weiß, Gelb, Blau und Grün. Allerdings wird die Farbe meistens nur uni aufgetragen, dafür gibt es aber reichlich viele Beschläge aus vergoldeter Bronze.
Frankreich ist zwar tonangebend im Stil, die Unterschiede zum übrigen Europa sind aber nicht mehr so kraß wie in den vorangegangenen Epochen.

Aber die Engländer sind im Kommen. Während England in der Gotik und in der Renaissance relativ unbedeutend war, treten jetzt die großen Namen auf, die uns auch heute noch gleichbedeutend mit englischen Möbeln sind: Thomas Chippendale, George Hepplewhite und Thomas Sheraton. Die Engländer sind nicht so ausschweifend in der Gestaltung wie die Franzosen, eher zurückhaltender. Und sie verzichten fast ganz auf Farben, sondern setzen auf die Wirkung des Holzes.

Typische Ornamentik und Stilerkennungsmerkmale:
Viel Schmuckwerk, keine geraden Linien. Alles ist geschweift und gewölbt – soweit, daß die eigentliche Konstruktion nicht mehr erkennbar ist. Wenig Symmetrie. Viele Blumenmotive, Blattranken, aber auch Muscheln, Lyra, Vase und Fächer. Viel Farbe und reichliche Beschläge (Bronze, vergoldet). Beine und Füße enden schwungvoll im »Geißfuß«.

Bedeutende Schreiner bzw. Entwerfer:
Jean Guillaume Benemann, Thomas Chippendale, Joseph Effner, George Hepplewhite, Jean-François Oeben, Jean Henri Riesener, Johann Ferdinand Schwerdfeger, Thomas Sheraton, Adam Weisweiler.

Der Klassizismus – 1750–1850
Zeit der Französischen Revolution, der Aufklärung und der bürgerlichen Rechte. Aber auch Aufstieg und Fall Napoleons. Sein Ende bedeutete auch die totale Ablehnung dieses in Frankreich Empire genannten Stils.
Die geistige Revolution in Europa, die Zeit der Aufklärung etwa Mitte des 18. Jahrhunderts, bewirken eine plötzliche und

schnelle Abkehr von prunkvollen und verspielt ausschweifenden Formen. Es gilt wieder die Symmetrie, die gerade Linie und eine gewisse Nüchternheit, weil man nach ernster Klarheit suchte. Die fand man unter dem Motto Freiheit, Gleichheit, Brüderlichkeit ausgerechnet in den Formen der Griechen und Römer.
Der Stuhl bekommt wieder gerade Beine, ist aber (wer verzichtet schon gern auf Bequemlichkeit) gepolstert. Die Formen sind ruhig und klar. Kein übermäßiger Schmuck, man kann wieder die Konstruktion erkennen.
Das Empire Napoleons wird sofort in ganz Europa übernommen. Geschickt wird die Maserung des Holzes – egal ob massiv oder furniert – genutzt und zur Geltung gebracht. Farbliche Akzente werden nicht durch Bemalung des Holzes, sondern durch Bespannstoffe oder Beschläge gesetzt. Aber auch die Beschläge sind edel: bronze oder vergoldet. Ein sehr repräsentativer Stil, der bei den Sitzmöbeln zu leicht steifer Haltung zwang.
Nach dem Zusammenbruch des napoleonischen Reiches wollte man mit dem Korsen auch nichts mehr zu tun haben. Der repräsentative Empirestil war passé, man wollte bequem und gemütlich leben.

Typische Ornamentik und Stilerkennungsmerkmale:
Viele Lorbeerkränze in allen möglichen Variationen, Perlstäbe, Girlanden, Mäandermuster. Urnen, Vasen, Waffen, Helme und Liktorenbündel. Und die Tiere der Antike: Löwen, Sphinx, Greif, Delphine. Viel vergoldete Bronze, Holzmaserung als Stilelement, Girlanden, Schleifen, Medaillons.

Bedeutende Schreiner bzw. Entwerfer:
David Roentgen.

Das Biedermeier – 1820–1850
Zeit der Restauration nach dem Zusammenbruch Napoleons und Beendigung der Freiheitskriege. In Frankreich Wiedereinsetzung der Bourbonenkönige und damit Wiederherstellung des vorrevolutionären Zustandes. Letzter einheitlicher

und in der fortlaufenden Entwicklung gewachsener Stil in Europa. Danach gibt es keine eigentliche Stilrichtung mehr, sondern nur noch Wiederholungen – beginnend mit dem schon gegen Ende des Biedermeier einsetzenden Historismus.
Die Möbel des Biedermeier waren behaglich und bequem, aber auch schlicht, brav und eben »biedermeierhaft«. Das sollte nach dem Gepräge des Empire auch so sein. Das Biedermeier war der Stil des braven, kleinen Bürgertums. Sogar Neubauten von Herrenhäusern aus dieser Zeit sind betont schlicht.

Der Stuhl hat jetzt schlichte, gerade Vierkantbeine, die mehr oder weniger spitz konisch nach unten verjüngt sind. Die Beine können auch leicht ausgestellt sein (vorn weniger als hinten). In seiner ganzen Form und den Maßen (Sitzhöhe, Lehnenhöhe) ist der Stuhl äußerst bequem geworden und paßt sich im Gegensatz zu früheren Entwicklungen vorzüglich der Körperform an. Die Sitzfläche ist fast immer bequem gepolstert, und die Sitzlehne endet oben in einem breiten, geschwungenen und mit seitlichen Voluten abgerundeten Brett. Diese Brettform gibt den Stühlen der Biedermeierzeit die charakteristische Bezeichnung Schaukelstuhl.

Seine reinste Form fand das Biedermeier in Wien und dem gesamten deutschsprachigen Raum. In Frankreich ist der Louis-Philippe-Stil ähnlich, der aber mehr dem Rokoko verbunden blieb, während in England der Regency-Stil vorherrschte, Louis-Philippe- und Sheraton-(Regency-)Elemente fließen aber in das Biedermeier ein. Die schlichten Möbel waren geschmackvoll und grundsolide gearbeitet, vorzugsweise aus hellen Hölzern wie Kirsche, Birke, Birne und Eibe. Aber auch Walnuß und Mahagoni sind besonders in Norddeutschland sehr begehrt. Das Holz kann massiv sein, wird aber auch sehr oft furniert. Sehr gern wird mit Kontrastwirkung (hell-dunkel) gearbeitet. Aber für die dunklen Elemente nimmt man kein echtes dunkles Holz (Ebenholz z. B.) mehr, sondern verwendet schlichtes, schwarz eingefärbtes Holz.

Hauptsächlich aber dominiert die glatte, polierte Holzoberfläche mit schöner, ausdrucksvoller Maserung – egal, ob furniert oder massiv.

Das Biedermeier ist immer die ganze Stube. Mit dem gut gepolsterten, bequemen und gemütlichen Sofa, vor dem ein meist ovaler Tisch stand, der Schreibkommode oder Schreibsekretär (mit vielen Schubladen und oft mit einem Geheimfach), den vielen kleinen Bildern, dem Nähtischchen und dem bestickten Ofenschirm. Dazu Stoffbezüge und Tapeten mit Blümchenmustern und mit den berühmten Blumensträußchen, die wir auch heute noch gern verschenken.

Typische Ornamentik und Stilerkennungsmerkmale:

Das Biedermeier zeichnet sich dadurch aus, daß Ornamente fast ganz fehlen. Es gibt einfache Schnitzereien oder Einlegearbeiten mit Hell-Dunkel-Wirkung, schlichte Kranz- oder Perlenmuster um Schlüssellöcher herum aus Messing und Bronze. Die reine Wirkung der Holzmaserung tritt voll in den Vordergrund.

Bedeutende Schreiner bzw. Entwerfer:

Es gibt wenig signierte Biedermeiermöbel, weil sich die beginnende Industrialisierung in der Möbelherstellung deutlich bemerkbar macht. Bekannt geworden sind: Josef Danhauser, B. Holl, K. G. Wanschaff.

Das Biedermeier verliert sich von etwa 1830 an im beginnenden Historismus, der aber nichts Neues bringt, sondern vorhergehende Epochen nachahmt. Es gab keine richtungsweisenden, anregenden Entwicklungen mehr. Die Gründerzeit bringt die Romantik, Neugotik und den altdeutschen Stil.

Der Jugendstil – um 1900 und Gegenwart
Zeit der Industrialisierung und der Technisierung, der wissenschaftlichen Forschung und der Sozialisierung. Brachte Bewegung in die starren Formen des Historismus und schuf die Grundlagen der modernen Kunst. Eine erfolgreiche Protestbewegung gegen Geistlosigkeit und Nachahmung, die sich selbst zwar nicht lange behaupten konnte, aber zu der modernen Sachlichkeit und Zweckmäßigkeit führte. Letzte, alle künstlerischen Ausdrucksformen umfassende Stilepoche.
Einfache Formen und Ornamente mit meist floralen, naturverbundenen Formen. Es kommt aber auch zur fast völligen Auflösung der Form ohne jede Symmetrie oder klare Linien. Auch die Funktion tritt mitunter in den Hintergrund und ist nur schwer zu erkennen. Das ganze Möbelstück ist dann nur noch Teil des den gesamten Raum gestaltenden Ornamentwerkes. Häuser, Türen und Fenster werden teilweise so verformt, daß die Konstruktion nicht mehr zu erkennen ist. Das beste Beispiel ist das Schaffen des Spaniers Antonio Gaudi.
Dabei war der Jugendstil am Anfang von seinen Wegbereitern als Verwirklichung der einfachen und klaren, zweckmäßigen Form gedacht. Er entstand aus der Idee heraus, einen konstruktiven und sachlichen Stil mit fließenden Formen zu entwickeln.
Die Kunstrichtung ging von England aus, wo Beardsley und William Morris die treibenden Kräfte waren. Der Belgier van der Velde ist wohl der bedeutendste Möbelentwerfer. Etwa in die Anfangszeit des Jugendstils, aber noch zum Ende des Biedermeier hin tendierend, fällt die Vervollkommnung der Bugholztechnik durch Michael Thonet. Die wunderbar schlichten, schönen Thonetstühle sind wahre Möbelklassiker.
Vom Werkstoff her gibt es bei den Möbeln des Jugendstils zwei klare Gegensätze: Für die Serienherstellung in der Fabrikation nimmt man hauptsächlich minderwertiges und preis-

günstiges Holz wie Fichte, Kiefer und andere Nadelhölzer, für Einzelstücke und den gehobenen Bedarf nimmt man Nußbaum, Mahagoni, Birne und Eiche. Die Nadelhölzer werden aber immer farbig lackiert oder gebeizt, so daß das Originalmaterial nicht sofort erkennbar ist.

Typische Ornamentik und Stilerkennungsmerkmale:
Viele florale, meistens stilisierte Elemente wie Blätter, Ranken und Blüten, verschlungene Linien. Beschläge im gleichen Stil aus Bronze, Gußeisen und sogar aus Stahl.

Bedeutende Schreiner bzw. Entwerfer:
Schreiner im eigentlichen Sinne, bei denen man sich seine Möbel anfertigen ließ, gibt es nur noch selten. Die meisten Möbel werden von jetzt an industriell hergestellt. Die Entwerfer dieser Fabrikationslinien sind oft weniger bekannt als der Hersteller. Berühmt geworden sind die Initiatoren: William Morris, Henry van der Velde, Michael Thonet.
Mit dem Jugendstil endet die kontinuierliche Stilentwicklung endgültig. Viele Richtungen und Nachahmungen laufen seitdem nebeneinander her, bei keiner Entwicklung kann man aber von einem wirklich alle Kunstrichtungen umfassenden und ganz Europa überziehenden Stil sprechen.
Die immer schneller fortschreitende Industrialisierung führt zu immer einfacheren, fabrikationstechnisch leicht zu bewältigenden Formen und endet, was das Material Holz betrifft, schließlich in der Spanplatte. Als ganz neue Materialien gesellen sich hinzu: Stahlrohr, Segeltuch, Kunststoff und Schaumstoff. Die reine Zweckform setzt sich immer mehr durch.
Der Bauhausstil – benannt nach der Hochschule für Bau und Gestaltung in Weimar, später in Dessau und 1933 in Berlin aufgelöst – setzt dieser Zweckmäßigkeit durch seinen Leiter Walter Gropius eine elegante Ausgewogenheit auf.
Erst nach dem Ende des Zweiten Weltkrieges und der beginnenden wirtschaftlichen Erholung Europas in den 50er Jahren wurden mit der Nierentischchenkultur und den Teakholzmöbeln der Skandinavier neue Strömungen sichtbar.

Oberflächen ausbessern und restaurieren

Der ständige Gebrauch über viele Jahre hinweg, Transporte oder auch mangelnde Pflege sowie die ständigen Temperatur- und Luftfeuchtigkeitswechsel über die Jahreszeiten hinweg gehen an keinem Möbel spurlos vorbei. Hinzu kommt noch das Eigenleben des Holzes: Jedes Stück ist anders gewachsen, und ein »Arbeiten« läßt sich auch bei bester Konstruktion nicht vermeiden. Das gilt ganz besonders für Antiquitäten. Die heute übliche Spanplatte, die sich nicht mehr werfen kann, ist ein Produkt unserer Zeit.
Wir wollen uns hier mit Schäden in Holz und Lack beschäftigen, die ausgebessert werden müssen. Wie der alte Anstrich erneuert wird, lesen Sie in dem Kapitel »Abbeizen, Lackieren« etc ... (S. 93)

Weiße Flecken

Weiße oder graue Flecken in einer Tischoberfläche sind durch Hitzeeinwirkung entstanden: Irgendwann hat einmal jemand die berühmte heiße Kaffee- oder Teekanne direkt auf den Tisch gestellt. Dadurch erhitzte sich die Restfeuchtigkeit im Holz und schlug sich als Dampf unter der Lackschicht nieder, nachdem die heiße Kanne weggenommen wurde.
Man muß also nur für freien Abzug sorgen, dann ist der Schaden behoben. Dafür gibt es ein spezielles Spray, das allgemein unter der Bezeichnung »Grauweg« angeboten wird. Es löst die Lackschicht an und der niedergeschlagene Dampf kann nach oben entweichen. Das ist nicht alles. Sprühen Sie die gesamte Oberfläche gleichmäßig mit dem Grauweg ein. Der Lack wird so in der ganzen Fläche gleichmäßig angelöst und bekommt wieder Frische und Glanz.
Voraussetzung ist ein zug- und staubfreier Raum und eine gründliche Reinigung der Oberfläche (feucht abwischen und

mit fusselfreiem Tuch trockenreiben). Und betreten Sie den Raum auch erst wieder, wenn die Sprayschicht durchgetrocknet ist. Es wäre doch zu schade, wenn sich auf der angelösten Fläche Staubteilchen niederlassen und die ganze Mühe zunichte machen.

Kleine Lackschäden, kleine Risse und Löcher im Holz oder im Furnier, kleine Splitterstellen
Solche Schäden bessert man mit Wachskitt, Holzkitt oder mit Schellack aus. Welches Mittel wo eingesetzt wird, richtet sich nach der Größe des Schadens und nach dem Sitz der Schadstelle.
Überall dort, wo die Oberfläche nicht benutzt oder beansprucht wird, kann mit Wachskitt gearbeitet werden, zum Beispiel bei Schrankfronten. Wenn Flächen benutzt werden, wie zum Beispiel bei einer Tischplatte, dann muß man ein dauerhafteres, härteres Mittel nehmen: Schellack oder Holzkitt.

Möbelwachs
Möbelwachs gibt es in den passenden Farben zu den unterschiedlichsten Holztönen. Man kann es einfach in die Schadstelle drücken – ganz so, als wenn man mit einem Stück Kreide ein Komma malt. Besser ist es aber, Sie erwärmen die Stange auf einem Heizkörper oder in der Hand. Dann werden mit dem Messer oder einem Stechbeitel kleine Flocken abgeschabt und in die Schadstelle gedrückt. Es soll immer »mit Berg« eingefüllt werden. Mit einem weichen, fusselfreien Lappen verreiben Sie das Wachs – was zuviel ist, verteilt sich in die angrenzenden Poren. Natürlich dürfen Sie nicht zu stark und zu schnell reiben. Das Wachs könnte infolge der Reibungshitze schmelzen.

Schellack
Schellack ist ein hartes, festes Harz, das in Stangen oder Plättchen gehandelt wird. Genau wie die Wachskittstangen ist Schellack ebenfalls in den unterschiedlichsten Holztönen zu haben. Die Stangenform ist für unsere Zwecke besser geeignet, weil sie sich leichter handhaben läßt.

Zum Verarbeiten braucht man einen Lötkolben. Damit erhitzen Sie den Schellack solange, bis sich zähflüssige Tropfen lösen. Lassen Sie jetzt soviel Schellack in die Schadstelle laufen, bis diese (ebenfalls »mit Berg«) aufgefüllt ist. Der Schellack erhärtet sofort. Sie können ihn mit dem noch heißen Lötkolben etwas andrücken und verteilen und füllen dann endgültig auf. Es gibt im Fachhandel auch einen Lötschuh, der auf den Lötkolben aufgesetzt werden kann. Mit ihm können Sie den Schellack leichter verteilen, weil er fast wie ein kleines Bügeleisen arbeitet.

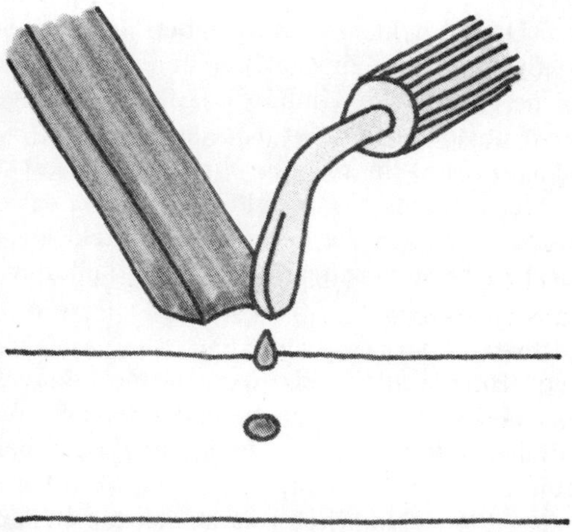

Den Schellack mit dem Lötkolben flüssig machen.

Schellackplättchen legen Sie einfach direkt auf die Schadstelle und schmelzen sie mit dem Lötschuh ein.
Nach dem Erhärten muß die Oberfläche angeglichen werden. Das machen Sie vorsichtig mit einem Stecheisen oder durch Beischleifen.

Holzkitt

Holzkitt oder Flüssigholz gibt es ebenfalls in verschiedenen Holztönen. Er wird direkt aus der Dose mit einem Spachtel in die Schadstelle gedrückt und muß – weil lösungsmittelhaltig – über Nacht austrocknen. Bei tieferen Löchern soll in mehreren Schichten gearbeitet werden, wobei jede Schicht gut durchgetrocknet sein muß, bevor neu aufgetragen wird.

Und der Untergrund muß haftfähig gemacht werden. Dazu streichen Sie die Schadstelle entweder mit Terpentin oder mit Holzkittlösung ein. Eingedickte Reste in der Dose kann man mit der Verdünnung wieder gebrauchsfähig machen.

Überschüssiger Kitt wird gleich mit dem Spachtel abgezogen. Nach dem Durchtrocknen wird die Oberfläche mit Schleifpapier und Schleifklotz fein geglättet und angeglichen. Dann kann entsprechend dem Umfeld oberflächenbehandelt werden. Der Kunstharzanteil im Kitt läßt manche Farbstoffe nicht tief einziehen. So kann es vorkommen, daß die Flickstelle dunkler wirkt als das umgebende Holz, in das die Farbe tief eindringt. Mischen Sie den Farbton direkt auf der Kittstelle also lieber von vornherein ein wenig heller an.

Risse im Holz

Wie gesagt, Holz lebt. Es neigt dazu, unter Temperatur- und Luftfeuchtigkeitseinflüssen zu quellen oder zu schrumpfen, sich zu drehen oder zu biegen. Es kann Risse geben, besonders, wenn das Holz zum Zeitpunkt seiner Verarbeitung nicht gut abgelagert war. Natürlich richtet sich die Reparatur hier ganz nach der Funktion des entsprechenden Teiles. Konstruktiv belastete Teile sollen immer so ausgebessert (oder ersetzt) werden, daß sie ihre Funktion voll erfüllen. Das wäre z. B. bei einer Zarge oder einem Stuhlbein der Fall (siehe dort).

Teile, die im Blickfeld liegen, also in der Frontansicht, müssen sorgfältig und möglichst »unsichtbar« ausgebessert werden. Das ist bei Seitenteilen und natürlich erst recht bei Boden, Deckeln, Rücken und Innenteilen nicht so notwendig.

Wir wollen mit einer geplatzten Seitenwand beginnen. Die Seite ist in der Regel nicht konstruktiv belastet, das übernehmen die Leisten, die die Füllung halten.

Ein Leinenstreifen wird mit Weißleim von innen über die Rißstelle geleimt. Er soll zu den Seiten mindestens jeweils 5 cm aufliegen und über das Ende des Risses noch 10–15 cm herausragen. Angepreßt werden braucht hier nicht, das Leinen ist ja flexibel und wird während des Trocknens selbständig angezogen. Nach dem Abbinden und Aushärten des Leims wird der Riß von vorn gereinigt. Versuchen Sie, dabei die Seiten schräg dachförmig nach innen herauszuarbeiten – so kann der Füllstoff später besser halten.
Als Füllstoff eignet sich am besten Holzkitt, der wieder Schicht für Schicht (jeweils gut durchtrocknen lassen) aufgetragen wird. So lassen sich Risse bis zu 1 cm Breite ausfüllen. Kleine und dünnere Risse kann man leicht mit Schellack ausbessern.
Zum Schluß wird dann wieder mit Schleifpapier und Schleifklotz fein beigeschliffen und oberflächenbehandelt. Schellack können Sie hier auch mit einer Ziehklinge angleichen.

Risse im Massivholz
Hier hilft nur eins: den Riß auffüllen. Niemand kann das Holz wieder in die Position zurückbringen, die es ursprünglich hatte. Leimen und zusammenpressen hat keinen Zweck – nach dem Lösen der Schraubzwingen würde der Riß sofort wieder aufplatzen. Die Spannung im Holz ist einfach zu groß. Aber schauen wir uns den Schaden doch einmal an: Meistens ist einfach nur dieser Riß zu sehen. Die Funktion, z. B. bei einer Schubladenfront oder einem Truhendeckel, ist nicht beeinträchtigt. Besonders nicht, wenn es sich um keinen durchgehenden Riß handelt.
Trotzdem muß vollständig aufgetrennt werden, um einen Füllkeil einzusetzen. Das machen Sie am besten mit einem Fuchsschwanz, der gerade und senkrecht geführt wird. So erreichen Sie zweierlei: es gibt gerade Kanten, und die Rißstelle wird gesäubert. Sägemehl muß natürlich noch abgebürstet werden. Als Flickstück eignet sich ein Furnierstreifen in der gleichen Holzart. Ganz nach Schnittbreite können auch zwei oder drei Streifen nebeneinander eingeleimt werden. Sie sollen immer so zugeschnitten sein, daß sie in Höhe und Länge

mindestens ½ cm herausragen. Und die Maserung soll stets in der Länge durchlaufen – niemals senkrecht. Anpreßdruck kann und braucht hier nicht gegeben werden, weil die Streifen ja stramm eingeschoben wurden. Natürlich soll dem Leim wieder über Nacht Zeit zum Abbinden gegeben werden.
Die überstehenden Reste nehmen Sie mit einem Stecheisen ab. Aber fangen Sie nicht von einer Seite an, und gehen Sie dann zum anderen Ende. Begonnen wird immer am höchsten Punkt und dann der Faserrichtung des eingeleimten Furniers folgend, zum nächst tieferen Punkt. Dort wird von der höheren Seite gegengesetzt. So vermeiden Sie, daß das Eisen beim Trennen das Furnier herauszieht oder in die Oberfläche eindringt. Und noch etwas: arbeiten Sie nicht stramm am Holz. Führen Sie die Klinge mit der Fasenseite (das ist die »Dachkante«) zum Holz. So liegt die Kante sicher auf, und Sie können die Schneide sicher ein wenig höher führen. Bei einem eventuellen Abgleiten wird die Klinge dann nach oben gelenkt und kann nicht ins Holz einziehen. Der noch überstehende Rest wird fein beigeschliffen, dann kann oberflächenbehandelt werden.

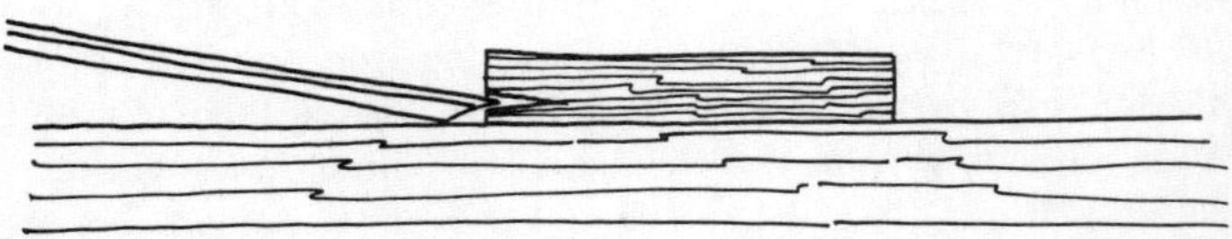

Beim Abheben der Füllstreifen den Stechbeitel auf der Dachkante steuern.

Furnier ausbessern

Furnieren ist ebenso eine Vortäuschung falscher Tatsachen wie das Vergolden. Aber wer wird angesichts einer Marketerie oder einer kunstvollen Intarsienarbeit schon ernstlich dagegen wettern. Und im Gegensatz zur Vergoldung will die Furnierkunst auch gar nicht vertuschen, daß sich unter der edlen Oberfläche schlichtes Blindholz einfacher Qualität befindet.
Furnieren ist eine eigenständige Kunst. So wie die Maserung auf einer furnierten Fläche verläuft, sich wiederholt, aufein-

andertrifft, an den Rand oder um den Rand herumläuft, so kann ein Holz nie gewachsen sein. In Italien um 1600 als »Tarsia certosina« mit der Erfindung der Furniersäge entstanden, breitete sich die Intarsientechnik rasch aus und brachte Möbel mit Oberflächen hervor, die in der Massivverarbeitung gar nicht möglich sind.

Wir unterscheiden die glatt überzogene (furnierte) Fläche, die Intarsie und die Marketerie. Furnierte Flächen leben und spielen mit Maserung, Farbe und Feuer des Furnierholzes. Dazu gehört auch die Wiederholung und die Spiegelung (seitenverkehrt dagegengesetzt) des gewachsenen Musters. So etwas ist erst durch den dünnen Schnitt möglich – ein Brett ist in seiner Farbe und Maserung immer einmalig.

Für uns ist aber nicht wichtig, wie wir eine furnierte Fläche vom Massivholz unterscheiden, wir sehen es ja ohnehin: Es ist die Schadstelle, die wir ausbessern wollen. Die Ursache ist eigentlich immer, daß das Massivholz unter dem Furnier (das Blindholz) anders und – weil es einfach mehr Masse hat – stärker arbeitet als das aufgeleimte dünne Furnier. Das Furnier löst sich vom Blindholz oder es reißt – aber in ganz anderer Richtung als das Blindholz.

Blasen oder »Kürschner«

Blasen unter dem Furnier sind das Frühstadium der Ablösung. Sie zeigen an, daß sich das Furnier gelöst hat. Jetzt heißt es rasch handeln, denn wenn der Schaden fortschreitet, entstehen Risse. Wenn Sie mit der flachen Hand über die Fläche fühlen, erkennen Sie solche Stellen schon, bevor sie für das Auge sichtbar werden. Hier gibt das Furnier leicht federnd nach, es klingt hohl, wenn man darauf klopft.

Ein Bügeleisen schafft hier Abhilfe. Legen Sie aber ein Papier unter und erwärmen Sie die Zone bei mittlerer Temperatur. Der früher verwendete Knochenleim wird wieder flüssig, und es kann gelingen, die Fläche wieder fest zu leimen. Den notwendigen Anpreßdruck erzeugen Sie mit einer Platte, die deutlich größer als die Hohlstelle sein soll (Papier oder Tuch zwischenlegen, um Druckstellen zu vermeiden). Die Platte wird mit einer oder mehreren Schraubzwingen festgesetzt.

Glückt dies nicht, müssen Sie neuen Leim angeben. Die einfachste Methode, ihn ohne Schaden unter das Furnier zu bringen, ist das Einspritzen mit einer Injektionsnadel. Dann verreiben Sie den Leim mit kreisförmigem Daumendruck in der Blase und pressen mit einem Zulageholz und einer Schraubzwinge an.

Abgeplatztes Furnier, lockere Teile

Dies ist ein Glücksfall, denn obwohl die Teile sich gelöst haben, sind sie doch alle noch vorhanden. Sie müssen jetzt nur noch die Geduld eines Puzzle-Spielers haben und alles wieder positionsgenau an seinen Platz bringen. Solche Schäden treten zumeist bei einer ausgeprägten Wurzelholzmaserung oder auch bei einem sogenannten Birdseye auf.

Wir nehmen die Teile Stück für Stück ab und kleben sie mit der Front auf einen Bogen Papier. Dieses Papier soll aber unbedruckt oder ungefärbt sein, damit die Farbe nicht in das Furnier einzieht. Schreibmaschinenpapier eignet sich sehr gut. Die Furnierstücke lassen sich leichter abnehmen und werden auch geschmeidiger, wenn Sie die Schadstelle anfeuchten. Das geht sehr gut mit einem Pinsel oder einem aufgelegten nassen Lappen (nicht tropfnaß).

Die abgenommenen Furnierstücke werden aber nicht mit Weißleim (der dringt zu tief ein), sondern mit einem Papierklebestift auf den Bogen geklebt. Ist das Puzzle fertig, reinigen Sie die Schadstelle und die obenliegende Furnierrückseite von noch vorhandenen Leimresten und geben Weißleim dünn gestrichen auf das Furnier und in die Schadstelle. Vergessen Sie keine Kante und achten Sie darauf, daß der Leim in die Fugen des Puzzles dringt.

Jetzt wird das ganze Puzzle eingelegt und mit der Hand angestrichen. Angepreßt wird wieder mit einer Zulageplatte aus beschichteter Spanplatte und Schraubzwingen oder aufgelegten Gewichten.

Entfernt wird das Papier, wenn der Leim abgebunden hat. Feuchten Sie es leicht an und ziehen Sie es vorsichtig ab. Der Papierkleber löst schneller an als der Weißleim. Wischen Sie sorgfältig alle Kleberreste mit einem feuchten Lappen ab.

Statt des Papiers kann man auch Furnierklebestreifen verwenden. Das ist ein bereits gummiertes Papierklebeband. Es ist aber recht mühsam, jedes Stückchen einzeln zu umkleben und so das Ganze zusammenzusetzen.

Ausgebrochene Teile, Brandflecken
Hier muß zunächst einmal ein Ersatzstück her. Es soll deutlich größer sein als die Schadstelle, speziell in Laufrichtung der Maserung.

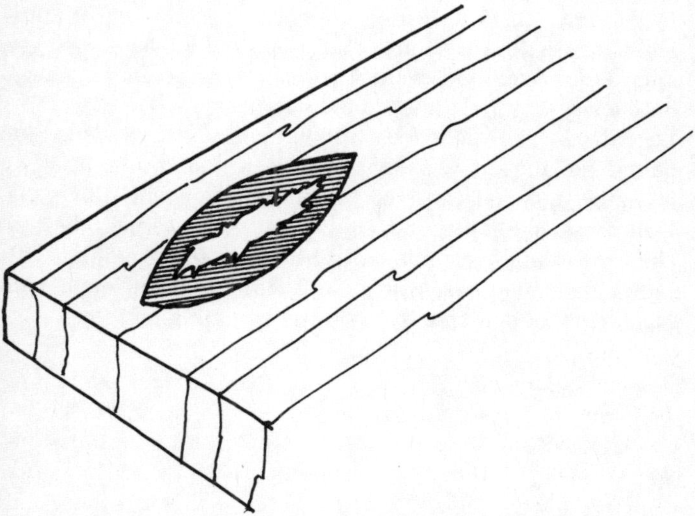

In Maserrichtung und immer spitz zulaufend soll das Flickstück eingepaßt werden.

Schauen wir uns den Schaden einmal an. Auch er wird in den meisten Fällen in Richtung der Maserung laufen, weil Splitter immer der Laufrichtung des Holzes folgen. Es gilt jetzt, das Flickstück so auszuwählen, daß es in Farbe und Maserung möglichst unauffällig der umgebenden Fläche entspricht. Mitunter ist es schwierig, Furnier in der richtigen Dicke zu bekommen. Heute schneidet man hauchfein, früher waren die

Maschinen noch nicht so entwickelt, und die Furniere wurden im allgemeinen dicker geschnitten. Sie müssen also notfalls unterfüttern. Dabei muß es sich nicht unbedingt um die gleiche Holzart handeln.

Das Flickstück fixieren Sie mit Klebeband über der Schadstelle und achten darauf, daß die Übergänge der Maserung möglichst übereinstimmen. Dann wird der Flicken mit dem Cuttermesser an einem Stahllineal herausgeschnitten. Und zwar so, daß der Schnitt bis in das Originalfurnier darunter eindringt. So erreichen Sie automatisch Passergenauigkeit: Das Originalfurnier wird entsprechend der miteingeschnittenen Umrisse des Flickstückes ausgespart, die Fläche wird von alten Leimresten und eventuellem Schmutz gereinigt. Ausgebrochenes Blindholz müssen Sie ausspachteln.

Der Schnitt soll nicht rechtwinklig ausgeführt werden. Eine Salmiform, die mit ihren langen Spitzen weit in die Maserung hineinläuft, schafft besser einen unauffälligen Übergang. Dann wieder Flicken und Untergrund mit Weißleim bestreichen und das Stück mit einer beschichteten Spanplatte als Druckplatte und mit Hilfe von Schraubzwingen einleimen. Nach dem Abbinden alle Leimreste sorgfältig entfernen.

Sitzmöbel reparieren und neu beziehen

Sitzmöbel haben es schwer. Weil sie viel aushalten müssen. Wenn wir uns einmal überlegen, wie viele Stühle wir schon in unserem – gegenüber einer Antiquität – noch recht kurzen Leben verschlissen haben, dann werden wir Achtung bekommen vor der Handwerkskunst unserer Altvordern: Was sie vor hundert oder mehr Jahren einst konstruiert und gebaut haben, ist in der handwerklichen Ausführung auch heute noch unendlich rüstig. Möbel waren eben eine Anschaffung fürs ganze Leben, und dementsprechend solide mußten sie trotz aller modischen Einflüsse zusammengefügt und/oder bespannt sein.

Wir wollen hier drei Arten von Sitzmöbeln unterscheiden und beschränken uns der Einfachheit halber nur auf Stühle und deren Verwandte, die Sessel. Bänke und Sofas sind ähnlich konstruiert – sie haben nur mehr Länge.

Zu nennen sind:
der einfache Holzstuhl, auch geflochten,
der bespannte Stuhl (Stoff oder Leder),
der Polstersessel (Stoff oder Leder).

Wenn's wackelt: vollständig auseinandernehmen

Wenn unser Sitzmöbel ein Untergestell aus Holz hat (was bis auf wenige Ausnahmen allgemein üblich ist), dann sind Bein und Zarge auch mit der klassischen und holzgerechtesten Eckverbindung zusammengefügt: durch Schlitz und Zapfen. Dabei sitzt der Schlitz immer in den senkrechten (den Beinen also) und der Zapfen in den waagerechten Hölzern, den Zargen.

Das ist konstruktiv auch vollkommen logisch: Der Zapfen ragt somit als Fortsetzung der Zarge in das Bein hinein und liegt zusätzlich noch mit dem unteren Ende auf. Außerdem ergibt sich so die doppelte Leimfläche gegenüber einer nur stumpf aneinandergesetzten Verbindung. Und jede einzelne dieser Verbindungen ist von Hand säuberlich und exakt paßgenau ausgeführt – was man von den heutigen mit Maschinenhilfe hergestellten Möbeln nicht immer sagen kann. Zusätzlich zum Leimen kann diese Verbindung auch noch mit Dübeln gesichert sein, um so größte Festigkeit zu erzielen.

Der Leim kann im Laufe der Zeit schon einmal brüchig werden, und dann wackeln die Beine. Ursachen sind neben ständigem Gebrauch auch Feuchtigkeit und Temperaturschwankungen. Wenn nur ein Bein wackelt, mag man versucht sein, die Verbindung an dieser Stelle soweit es geht auseinanderzuziehen und durch Einspritzen von Leim wieder zu festigen. Das führt kurzfristig zum Erfolg, kann den Schaden aber auf Dauer nicht beheben.

Wenn erst einmal ein Bein wackelt, wackelt auch bald das nächste. Und: der neu angegebene Leim kann nur dann richtig in das Holz eindringen und »greifen«, wenn zuvor alle alten Leimreste entfernt wurden. Der Stuhl muß also auseinandergenommen werden. Dabei beginnen wir folgerichtig mit dem letzten Stück, das der Tischler beim Zusammenbau eingefügt hat.

Ein normaler Stuhl besteht aus zwei kurzen Vorderbeinen und zwei langen, durchgehenden hinteren Beinen, die auch die quer eingepaßte Rückenlehne tragen. Es kann nun noch mehr oder weniger viele zwischengesetzte Stege geben, die aber alle immer eingesetzt sind wie die entsprechende Zarge. Nur die Armlehne macht eine Ausnahme: Sie hat hinten einen Zapfen, mit dem sie in die Rückenlehne (das verlängerte Hinterbein) eingeleimt wurde, und ist vorn ausgestemmt. So liegt sie fest auf der Stütze auf, und der Zapfen, der aus der Stütze herausragt, garantiert, daß die Lehne seitlich nicht ausweichen kann. Das ist gute alte Zimmermannsart, und so haben die Tischler schon immer gearbeitet – unabhängig von den jeweiligen Moderichtungen.

Die Armlehne – soweit vorhanden – muß also als erstes Teil entfernt werden, wenn man den Stuhl auseinandernehmen will. Immer sollte mit geringstem Kraftaufwand begonnen werden. Also versuchen Sie es zunächst einmal mit gleichmäßigem Ziehen ganz vorn nach oben. Wenn sich dabei die Armlehne samt Stütze löst, ist das gut. Aber zerren oder drükken Sie nicht zu stark, weil Sie sonst den Zapfen in der Rükkenlehne abbrechen, wenn sich die Armlehne vorn plötzlich löst und mit der dann überschüssigen Kraft nach oben schnellt. Hier kommt es auf gut dosierten Krafteinsatz an. Sitzen die Teile ohnehin locker, schlägt man von unten leicht mit dem Handballen dagegen und fängt den Schlag von oben mit der anderen Hand auf.

Mit einem Hammer soll auf keinen Fall direkt auf das Möbel geschlagen werden. Sitzen einige Teile so fest, daß man um einen Hammerschlag nicht herumkommt, sollte ein mit einem Tuch umwickeltes Holz zwischengelegt werden. Jeder direkte Schlag – auch mit einem Holzhammer – hinterläßt Druckstellen.

Die Vorderbeine mit der vorderen Querzarge werden als nächstes von den Zapfen der Seitenzargen gelöst. Auch hier gilt wieder: nichts verhebeln, nichts verkanten. Versuchen Sie immer, beide Beine gleichzeitig zu lösen – also ein bis zwei Millimeter auf der einen Seite vorarbeiten und dann auf der anderen Seite. Die Arbeitstechnik ist immer die gleiche: vorsichtig und mit dosiertem Kraftaufwand.

Die Seitenzargen können leicht entfernt werden, wenn die Vorderbeine abgenommen wurden. Legen Sie den restlichen Stuhl – es ist ja nur noch die Rückseite mit Lehne und Beinen – auf den Rücken. Jetzt wird die Zarge durch leichtes Rütteln in der Längsrichtung (nicht quer, das könnte Bruch geben, weil der Hebelweg zu kurz ist) gelockert und kann in den meisten Fällen nach vorn herausgezogen werden.

Das Rückenteil wird dann auf die Seite gelegt und zunächst das jetzt obenliegende Bein abgenommen. Die Zarge und die Lehne werden auf die gleiche Weise getrennt wie vorher schon die Seitenzargen vom Rückenteil: durch leichtes Rütteln und dann nach oben herausnehmen.

Wenn allerdings die Rückenlehne von oben auf die hinteren Beine aufgesetzt ist, muß sie natürlich als erstes abgenommen werden. Was jetzt noch bleibt, ist das vollständige Auseinandernehmen der vorderen Beine und der Querzarge.

Zusammenfassend kann man sagen, daß es nicht schwer ist, einen Stuhl – zumal, wenn er schon ein wenig wackelt – auseinanderzunehmen. Man muß einfach der Konstruktion folgen. Das bedeutet, daß man sich zunächst einmal gründlich mit dem Aufbau des Stuhles befaßt und sich die folgenden Konstruktionsdetails merkt:
Alles was quer (also waagerecht) liegt – Zargen und Streben –, ist mit Zapfen in den senkrechten Stücken gelagert. Alle senkrechten Stücke haben längliche Zapfenlöcher, die diese Zapfen aufnehmen und unten auffangen. Man muß die Konstruktion erkennen, ihr folgen und beim Auseinandernehmen mit dem letzten Stück beginnen, das beim Bau eingeführt wurde.
Wir sind hier bewußt von einem Stuhl ausgegangen, der nicht weiter beschädigt war und ohne Ergänzung oder Ausbesserung wieder zusammengeleimt werden kann. Wie man einen Stuhl konstruktiv restauriert, gebrochene Zapfen, Beine, Streben usw. ersetzt, lesen Sie in dem Kapitel »Ergänzen und Auswechseln«. (S. 70)

Neu verleimen

Alle Verbindungsstellen – also Zapfen und Zapfenlöcher oder -schlitze – müssen erst einmal gründlich von alten Leimresten befreit werden. Nur dann kann der neu aufgetragene Leim wieder in die Poren des Holzes eindringen und für eine Verbindung »wie gewachsen« sorgen. Der Leim ist hart und körnig – beginnen Sie mit einer stabilen Klinge oder einem Stechbeitel. Damit wird die Leimschicht, und bitte wirklich nur die Leimschicht, so gut es geht abgekratzt. Und natürlich aller Dreck, der sich hier im Laufe der Zeit angesammelt hat. Alle Kontaktflächen sollen dann noch mal leicht mit Schleifpapier angerauht werden. Weil durch Säuberung und Schleifen die Verbindungen jetzt ein wenig Spiel haben werden, müssen wir das ausgleichen. Dazu überprüfen wir jede einzelne Verbindung und passen sie individuell ein.
Die einfachste Methode ist, ein Stück Leinen um den Zapfen zu legen. Damit es beim Zusammenpassen nicht verrutscht, wird es von oben über den Zapfen gelegt. So sind alle Seiten

gleichmäßig aufgedickt. Aber Leinen muß es sein, weil der Weißleim auf Leinen und Holz gleich gut haftet und Leinen nicht schrumpft.
Größere Zwischenräume werden durch entsprechend viele Furnierstreifen ausgeglichen. Die Streifen sollen immer die Tiefe des Schlitzes haben, damit sie beim Zusammenfügen nicht verrutschen. Und natürlich muß zwischen jeder Furnierschicht Leim aufgestrichen werden. Das Furnier selbst braucht nicht dem Originalholz des Stuhles zu entsprechen – man sieht es nach dem Zusammenbau nicht. Ganz normale Kiefer oder Fichte reicht für diesen Zweck. Aber es muß sogenanntes »Echtholzfurnier« sein – kein bedruckter Kunststoff und auch nicht selbstklebend zum Aufbügeln. Wenn Sie so etwas nicht bekommen, machen Sie sich lieber ein paar kräftige Hobelspäne. Und noch etwas: Damit die zwischengelegten Streifen nicht brechen, verkanten oder sich aufwellen, soll das Furnier mit der Maserung senkrecht zur Tiefe des Zapfenloches eingelegt werden.
Eine weitere Methode soll nicht unerwähnt bleiben, obwohl sie umstritten ist, wenn es um die Anwendung durch Ungeübte geht: Der Zapfen wird in der Mitte der Länge nach bis auf den Grund aufgesägt, dann gibt man Leim zu und setzt einen keilförmigen Zapfen ein, der aber noch bis zur Hälfte herausragen soll. Beim Zusammenfügen der Teile drückt der Keil die Zapfenhälften auseinander, und die Verbindung sitzt fest und stramm. Wir sollten uns aber immer bei dieser Methode vor Augen führen, daß die Zapfenhälften an der Basis brechen können, daß der Keil zu breit ist und die Verbindung in der Tiefe nicht geschlossen werden kann, oder daß die Zarge infolge zu großen Druckes aufspaltet.

Heraustretenden Leim sofort abwischen

Egal wie Sie einen Stuhl wieder zusammenfügen: zuviel angegebener Leim wird immer austreten. Das ist in jedem Falle besser, als mit Leim zu geizen. Es soll ja eine vollflächige, vollständige Verbindung erreicht werden. Was also beim Anpressen herausquillt, muß entfernt werden. Und zwar sofort – erst einmal durchgetrocknet, läßt sich der Leim nur unter größten Schwierigkeiten entfernen. Nehmen Sie ein feuchtes Tuch, und wischen Sie sorgfältig ab, was aus den Fugen hervorquillt. Danach trocken wischen.

Anpressen und Ausrichten
Eine geleimte Holzverbindung kann nur halten, wenn die entsprechenden Teile zusammengedrückt wurden – und zwar nicht nur für einen kurzen Moment, wie bei einem Kontaktkleber z. B., sondern – wenn es sich um einen »schnellen« (Expreß-)Leim handelt – mindestens zwei Stunden lang; eine Verbindung mit normalem Weißleim sollte besser über Nacht angepreßt bleiben. Durch den Anpreßdruck kann der Leim tief in die Holzporen eindringen und schafft so nicht nur eine flächige, sondern auch eine ineinander gewachsene Verbindung.
Während der Abbindezeit darf das Stück nicht mehr bewegt werden, weil die jetzt langsam »zusammenwachsenden« Teile sonst die sich bildende Leimhaut zerreißen.
Zum Anpressen am besten geeignet sind Schraubzwingen. Aber wer hat schon die notwendige Anzahl mit der für einen Stuhl erforderlichen Spannweite – ganz zu schweigen vom Preis, den so ein Spezialwerkzeug kostet.
Ein Preßriemen aus Stahl oder Gurtband ist weitaus preisgünstiger und läßt sich auch beim Zusammenfügen von Bilderrahmen verwenden. Der Preßriemen läuft durch vier Winkelstücke, die um die Stuhlecken gelegt werden. Strammgezogen wird je nach Hersteller und Typ auf unterschiedliche Art: mit Spindeltrieb, durch Verzahnung oder Einhaken.
Es geht aber auch mit dem guten alten »Kordelpatent«. Dazu legen Sie eine Schnur doppelt um den Stuhl und schützen die Ecken durch untergelegte Papp- oder Filzstreifen. Dann gut verknoten und einen Stab (z. B. ein Dübelholz) zwischen die Schnüre stecken. Mit diesem Dübelholz wird die Schnur jetzt so lange aufgedrillt, bis der notwendige Anpreßdruck erreicht ist. Dann wird das Stöckchen so weit hervorgezogen, daß es sich selbst festklemmt. Statt außen um Zargen und Beine herum kann man auch zwei Schnüre auf Mitte über die Sitzfläche spannen.

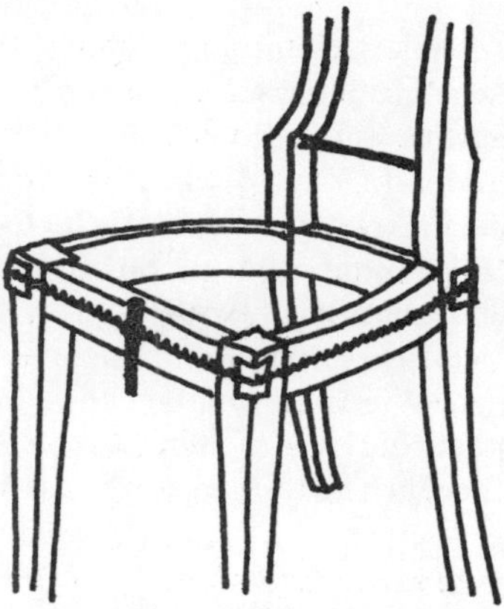

Der Kordeltrick. Wichtig ist der Kantenschutz an den Ecken.

Das Ausrichten des Stuhlgestells aber ist die wichtigste Arbeit, denn was nützt eine saubere und feste Leimverbindung, wenn die Beine schief und krumm angesetzt sind. Dazu benötigen Sie ein Streichmaß. In unserem Falle genügt eine ganz gewöhnliche Leiste, die etwa ⅓ länger als die Stuhlhöhe bis zur Oberkante der Rückenlehne sein soll. Gemessen wird so: legen Sie das Streichmaß immer diagonal an – von einer Ecke zur anderen. Die ermittelte Länge können Sie mit einem Bleistift markieren oder einfach den Daumen draufhalten und dann über Kreuz die andere Diagonale messen. Wenn die auch wieder am Daumenpunkt endet, stehen auch die Beine parallel zueinander. Das gilt aber nur für die Vorderfront und die Rückfront. Die Seiten kann man so nicht kontrollieren, weil die Hinterbeine oft rückwärts hinausgezogen sind und so die Diagonalen konstruktiv unterschiedlich sein müssen. Hier kann man nur die Maße beider Seiten vergleichen. Außerdem wird gemessen: die Diagonale der vier Füße zueinander, die Diagonale der Sitzfläche und von der vorderen Ecke zur Lehne (linke und rechte Seite und über Kreuz). Erst wenn dies alles stimmt, wird der Stuhl wirklich mit allen vier Beinen auf der Erde stehen und auch erst dann können die Anpreßwerkzeuge oder -hilfen endgültig fest angezogen werden.

Die Sitzflächen

Eine feste Sitzfläche aus Holz sollte – wenn sie gebrochen, gerissen oder sonstwie ernsthaft beschädigt ist – durch eine neue ersetzt werden. In der Mehrzahl handelt es sich hier auch um rustikale, bäuerliche oder einfache Gebrauchsmöbel mit Sitzflächen aus Brettern, Massivholz oder Sperrholz, die recht einfach nachzubauen sind. Es braucht noch nicht einmal die gleiche Holzart zu sein, weil ohnehin lackiert oder gebeizt werden muß. Wie man eine schadhafte Furnierfläche oder ausgebrochene Einlegearbeiten ausbessert, lesen Sie in dem Kapitel »Oberflächen restaurieren«.

Rohrgeflecht erneuern

Rohrgeflecht war über Jahrhunderte modern und erreichte seine größte Popularität mit der Entwicklung von Bugholzmöbeln im 19. Jahrhundert. Wenn es beschädigt ist, heißt das auch immer, daß die ganze Sitzfläche erneuert werden muß. Manch einer hat deshalb diese Mühe gescheut und das zerrissene Geflecht einfach durch eine Holzsitzfläche ersetzt. Bei einem alten Bugholzstuhl lohnt es sich aus diesem Grunde immer, unter den Sitzrahmen zu schauen. Entdecken Sie dort ringsherum in gleichmäßigen Abständen kleine Löcher, dann war dieser Stuhl ursprünglich mit Rohrgeflecht bespannt.

Nun gibt es zwei Methoden, ein neues Geflecht anzubringen. Die eine ist etwas für Leute, die schnell und ohne Umschweife zum Ziel kommen wollen: Kaufen Sie fertig geflochtenes Rohrgeflecht, das Stück soll ringsherum mindestens 5 cm größer sein als die Sitzfläche. Zunächst muß der Rahmen ringsherum auf Linie der Lochreihen mindestens um die Hälfte von oben ausgefälzt werden. Dann nehmen Sie zwei dünne Leisten, z. B. 1 × 2 cm. Leimen Sie zwischen diese Leisten das Rohrgeflecht und fixieren Sie die Verbindung in Abständen von ca. 10 cm mit Stiftnägeln. Dieser Rahmen wird jetzt nach innen umgeschlagen (stramm eingewickelt), und zwar so, daß die Kante mit dem Ende oben liegt. Jetzt kann die Fläche in den ausgefälzten Rahmen eingelegt und verschraubt oder genagelt werden. Leider eine Methode, die nur für Sitzflächen mit geraden Kanten geeignet ist.

Runde oder geschweifte Sitzflechten müssen von Hand durchgeflochten werden. Rohrgeflecht bekommt man in gut sortierten Bastelläden. Es muß zunächst einige Stunden in kaltem Wasser durchgeweicht werden, damit es richtig geschmeidig wird. Dazu benötigen Sie eine Anzahl von Pflökken, mit denen der Strang während des Flechtens im Rahmen fixiert wird.

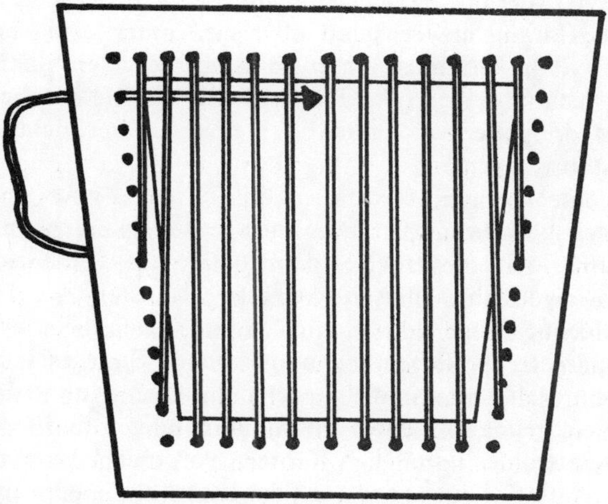

Rohrgeflecht erneuern: Lage für Lage durchflechten.

Begonnen wird von der Mitte vorn zur Mitte hinten. Lassen Sie beim Beginn etwa 15–20 cm des Stranges nach unten herausragen und ziehen Sie dann oben gerade rüber zum mittleren Loch im hinteren Rahmen. Dann von oben durchführen, seitlich zum nächsten Loch gehen und nach oben durchziehen. Jetzt geht's wieder nach vorn, unten durch, zur Seite, nach oben und dann lang hinüber nach hinten. Achtung: die »schöne Seite« (die glatte) soll immer oben liegen, die rauhe unten.

Eines ist ganz wichtig: der Abstand zwischen den einzelnen Strängen soll immer gleich sein, sonst entsteht kein symmetri-

sches Muster. Schließlich betreiben wir hier ja so etwas Ähnliches wie die Quadratur des Kreises. Deshalb lassen Sie, je mehr Sie zum Rand kommen, immer mehr Löcher aus. In der Querrichtung wird ganz genauso gearbeitet, wir gehen wieder von der Mitte aus und arbeiten dann zunächst nach links und dann nach rechts (oder umgekehrt). Diese erste Querlage wird über die erste Längslage gespannt, durchflochten wird erst jetzt.
Wieder am Ausgangspunkt beginnend flechten Sie jetzt den doppelten Strang abwechselnd über und unter dem ersten Querstrang von vorn nach hinten; dasselbe geschieht dann in der Querrichtung, wenn die Fläche fertig ist. Die Fläche ist jetzt mit doppelten, rechtwinklig ineinander verflochtenen Strängen überzogen.
Diese rechteckigen Felder müssen abschließend noch mit je einem Strang diagonal von links nach rechts und rechts nach links durchflochten werden – dann entsteht das klassische, wabenförmige Sieben-Phasen-Rohrgeflechtmuster.
Rohrgeflecht-Stränge gibt es nicht endlos, wenn ein neues Stück angesetzt werden muß, dann machen Sie dies immer unter dem Rahmen: es reicht, wenn die Enden unverdreht zwei- oder dreimal um einen Strang geschlungen und festgezogen werden, der unter dem Rahmen von einem Loch zum anderen läuft. Genauso wird auch der letzte Strang befestigt.
Ziehen Sie die Stränge beim Flechten nicht zu stramm an. Es liegen so viele Stränge übereinander, daß es später recht eng werden kann. Weil das Rohrgeflecht feucht verarbeitet wird, strammt es sich beim Trocknen automatisch und sitzt dann wirklich fest.

Sitzpolster und Gurtbänder erneuern

Bespannte Sitzflächen aus Stoff oder Leder (bei Eßstühlen z. B.) haben meistens einen lose eingelegten Rahmen, der mit Gurten bespannt ist, um dem Sitzpolster Halt zu geben. Es gibt aber auch Stühle, die direkt bespannt sind – von Zarge zu Zarge.
Wie auch immer, zunächst gilt es, die alte Polsterung und die Gurtbänder zu entfernen. Das machen Sie am besten mit ei-

nem alten Stemmeisen, dessen Kante leicht stumpf gefeilt wurde, damit sich bei der Arbeit keine Scharten bilden. Mit dem Stemmeisen werden jetzt die Polsternägel »gelüftet«, d.h., soweit hochgehebelt, daß sie mit einer Zange oder einem speziellen Nagelheber herausgezogen werden können. Damit das Rahmenholz nicht spaltet, setzen Sie das Stemmeisen bitte nur in der Maserrichtung des Holzes an. Es gibt viele Nägel im Rahmen, schon aus diesem Grunde sollte man eingedenk des Alters des Möbels immer vorsichtig zu Werke gehen. Ein Sackleinen deckt den Rahmen von unten ab und fixiert gleichzeitig den Polsterstoff. Auf der Oberseite des Rahmens sind dann die Gurtbänder und nochmals ein Sackleinen (damit das Polstermaterial nicht durchfällt) angeschlagen. Und das will alles erneuert und befestigt werden ...

Das alte Sackleinen und die Gurtbänder schmeißen Sie aber bitte nicht gleich weg – zunächst wird ausgemessen, damit Sie gleich die nötigen Mengenangaben für die neu zu besorgenden Teile haben. Was man noch benötigt? Gurtspanner, Hammer, Polsternägel, Tacker (wenn vorhanden) und Schere. Dazu natürlich Gurtband und Bespannstoff nach Wahl.

In unserer heutigen Zeit wäre es unsinnig, wieder eine dem Original entsprechende echte Seegraspolsterung einzuarbeiten. Nehmen Sie einfach einen Schaumstoff von nicht zu leichter Qualität – ringsherum ca. 5 cm größer als die Originalpolsterfläche.

Der Rahmen wird nochmals geprüft und besser neu angefertigt, wenn er beim Herausziehen der Nägel beschädigt oder gar gespalten ist. Das Gurtband kann eng oder weitmaschig verlegt sein – nehmen Sie sich immer das Original als Vorbild. Auch hier beginnen wir wieder in der Mitte. Legen Sie das Band so über den Rahmen, daß es mit der Außenkante bündig abschließt. Jetzt wird genagelt: Drei Nägel nebeneinander auf Höhe der Rahmenmitte verteilt auf die Gurtbreite in Längsrichtung des Rahmens. Dann wird das Reststück nach innen umgeschlagen und nochmals mit zwei Nägeln befestigt. So ergibt sich ein W-Muster: drei Nägel oben, zwei darunter. Auf der gegenüberliegenden Rahmenseite strammen wir den Gurt mit dem Gurtspanner. Das ist ein Brettchen von

10 × 30 cm, das in der einen Kante dachförmig eingekerbt ist. Auf der gegenüberliegenden Seite sind kammförmig Nägel befestigt, oder es gibt auf der flachen Seite eine Klammer zum Festhalten des Gurtbandes. Mit der Kerbe stützen Sie das Brett in die Außenkante des Rahmens, halten es etwa im Winkel von 45° und befestigen das Gurtband daran. Dann stramm nach unten drücken, bis das Band auf dem Rahmen aufliegt, und wieder drei Nägel auf der Mittellinie einschlagen. Jetzt den Gurtspanner lösen und den Gurt an der Außenkante des Rahmens abschneiden. Auch dieses Ende wird wie-

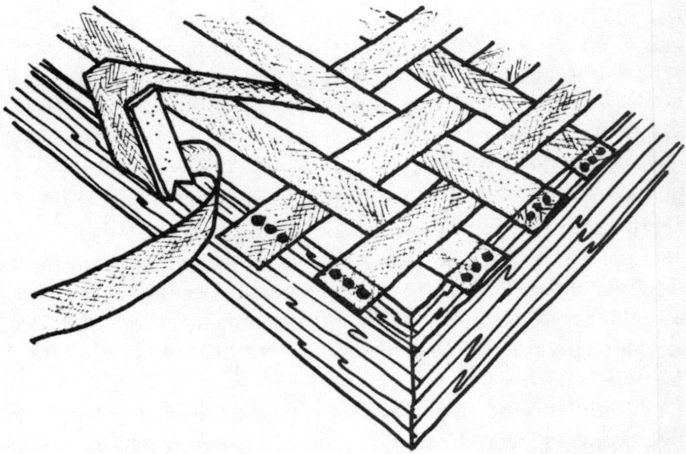

Der Gurtspanner wird mit der Kerbe in den Rahmen gestellt und dann heruntergedrückt.

der umgeschlagen und mit zwei Nägeln im W-Muster befestigt. Über die Gurte wird ein Stück Sackleinen genagelt. Es ist genauso groß wie der Rahmen und wird um die Rahmenhälfte nach innen umgeschlagen. Diese doppelte Lage nageln Sie in kurzen Abständen fest, oder Sie klammern mit einem Tacker (wenn vorhanden).

Die Polsterung ist schnell und einfach aufgebracht: Der

Schaumstoff wird an den Außenkanten leicht schräg geschnitten (mit einem scharfen Küchenmesser oder einer Cutterklinge [Vorsicht, die könnte brechen]). Dann sprühen Sie die Kanten und das Rahmenholz mit einem nicht anlösenden Kontaktkleber ein. Sind die Flächen berührtrocken, wird der Schaumstoff aufgelegt und angedrückt. Weil er größer ist als der Rahmen, wölbt er sich in der Mitte leicht hoch und formt so die charakteristische leichte Buckelform einer Sitzfläche. Wer noch ein übriges tun will, legt in der Mitte einen flachen Buckel aus Schaumflocken unter. Darüber spannt man wieder Sackleinen, schlägt die Ecken mit einem Innenfalz ein und nagelt es unter dem Rahmen fest. Was fehlt, ist der Bezugsstoff. Er wird ebenfalls aufgelegt, sauber an den Ecken gefaltet und provisorisch geheftet. Der ganze Rahmen wird jetzt nochmals mit einem Stück Sackleinen unterspannt, dessen Kanten nach innen umgeschlagen sind. Wenn auch dieses Sackleinen unter dem Rahmen festgenagelt ist, haben wir eine wirklich bequeme Sitzfläche, die jetzt schnellstens in das Gestell gelegt werden sollte, damit wir uns erst einmal genießerisch ausruhen können.

Polstersessel aufarbeiten

Einen Polstersessel wieder neu aufzuarbeiten ist – wenn man das originalgetreu machen will – eine aufwendige und komplizierte Arbeit. Deshalb wollen wir hier auch wieder auf die Hilfe der Chemie zurückgreifen und moderne Schaumstoffe verwenden. Eine richtige Polsterung – mit Sprungfedern, Roßhaarfüllung, Oberflächenwattierung und Gummikokos – läßt sich allein aus Materialbeschaffungsgründen schwer durchführen. Das ist auch in vielen Fällen gar nicht nötig, meistens genügt es, wenn die Bespannung erneuert wird. Der Sessel bekommt gewissermaßen einen neuen Maßanzug.

Die weiche Polsterung eines Sessels dient nicht nur der Bequemlichkeit, die mehr oder weniger üppigen und geschnürten Rundungen sind auch immer gestalterisches Element und sollen einem solchen Möbel die beabsichtigte repräsentative Form geben.

Wir entfernen zunächst den alten Bezug. Sehen Sie sich das

Möbel genau an. Es gilt, die Polsternägel zu finden. Sie sind mitunter verdeckt angebracht. Ist die Polsterfläche z. B. mit einem Streifen Borte oder Gimpe eingefaßt, dann wurde dieses Zierband angebracht, um die Polsternägel zu verdecken. Die Nägel entfernen wir wieder mit Hilfe unseres leicht stumpf gefeilten Stemmeisens und der Kneifzange. Sessel sind zwar von vorn in den unterschiedlichsten Rundungen geformt, Rücken und Seitenwände (von der Armlehne abwärts) sind aber meistens glatt. Diese Rückwand aus dünnem Sperrholz oder fester Pappe ist mit Stoff bespannt und kann in einem Stück abgenommen werden. Ist sie noch in Ordnung, kann man sie wieder verwenden, muß sie erneuert werden, haben wir gleich eine gute Schablone. Wir brauchen nicht das Originalmaterial zu nehmen, Hartfaser z. B. (sogenannte Preßpappe) ist viel leichter zuzuschneiden als Sperrholz.

Das Sitzpolster samt Sprungfederrahmen kann einfach herausgenommen werden. Diese Teile sind am einfachsten zu ersetzen: nehmen Sie Schaumstoffblöcke von hoher Dichte (schwere Qualität, lassen Sie sich beim Kauf beraten). Wenn das Sitzkissen lose auf dem Rahmenblock liegt, kann es auch ein wenig weicher sein. Wichtig ist, daß die gesamte Sitzfläche genügend Festigkeit hat, damit man nicht gleich in ihr versinkt. Der Schaumstoffkern soll aber – ebenso wie die anderen auszutauschenden Polsterteile – vor dem eigentlichen Beziehen mit einem preiswerten, dünnen Nessel bezogen werden. Ein eingearbeiteter Reißverschluß ist praktisch für die Reinigung, weil die Sitzfläche nicht fest eingebaut wird.

Arm- und Rückenpolsterung sind als nächstes dran. Beim Abnehmen des Bezuges werden Sie feststellen, daß das Polstermaterial in bestimmten Richtungen um den Rahmen herumgelegt und z. T. auch doppelt unterpolstert war. Dies alles müssen Sie sich merken und aus Schaumstoff neu aufbauen. Sehr schön können Sie auch erkennen, wie die Kerben in der Rückenlehne durch straff gespannte Schnüre geformt sind. Diese Schnüre ersetzen wir lieber gleich durch starke Nylonfäden. Ist der Unterbau aber hier noch in Ordnung, reicht es schon vollkommen aus, wenn wir eine dünne Schaumstoffmatte überlegen und mit den neu zu ziehenden Nylonfäden

festschnüren. Dabei soll – wie bei der Sitzpolsterung – der Nesselstoffbezug nicht vergessen werden. Gerade an Rücken- und Armlehnen müssen die Ränder der neuen Polsterung und der neuen Bezüge sorgsam und glatt um die Rundungen und Ränder herumgezogen werden. Das gilt ganz besonders in Rundungen. Sind Falten unvermeidbar, macht man aus der Not eine Tugend und setzt sie als dekoratives Element ein: sie werden dann gleichmäßig strahlenförmig gelegt. Polstermaterial und Nesselbezug befestigen Sie mit Sprühkleber (ablüften lassen, bis berührtrocken) oder einem Tacker am Holzrahmen. Den Bezugsstoff bringen Sie lieber mit Polsternägeln an, weil er gerade dort, wo gefaltet werden mußte, zu dick liegt und die Klammern nicht halten können.
Je komplizierter die Form der Polsterung, desto schwieriger ist die Anfertigung eines neuen Bezuges. Deshalb probieren Sie erst einmal an einfachen, glatten Formen. Unter allen Umständen sollten Sie immer versuchen, den alten Bezug so abzutrennen, daß er sich als Schnittmuster verwenden läßt. Und auch die alte Polsterung sollte im Armlehnen- und Rükkenlehnenbereich lieber nicht entfernt werden. Eventuelle Schäden lassen sich durch Überziehen mit dünnem Schaumstoff kaschieren und vor allen Dingen braucht die mitunter recht kunstreich aufgepolsterte Form nicht neu herausgearbeitet zu werden.

Leder

Lederbezüge sind bei größeren Schäden vom Laien nicht mehr zu reparieren. Kleine Risse oder Löcher werden ebenso ausgebessert wie Löcher im Stoff: durch Unterkleben eines Flickens. Bei einem Riß braucht es nicht das Originalmaterial zu sein. Nehmen Sie ein weiches, dünnes Leder mit glatter Oberfläche und kleben Sie es mit Kontaktkleber, Klebemilch oder Schuhsohlenkleber unter. Beide Flächen bestreichen, ablüften lassen und dann fest und auf Stoß andrücken.
Es gibt aber auch ein spezielles Lederreparaturset. Damit können Risse und kleine Löcher ausgebessert werden. Es enthält Klebestreifen zum Unterkleben, Reparaturpaste und eine Gummimischung zum Abnehmen von Abdrücken der Ober-

flächennarbung. Wie bei allen Reparaturarbeiten wird das Leder zunächst mit Spiritus von Fett und Schmutz befreit. Dann legen Sie ein kleines Stück des Klebestreifens unter und schaffen so eine Basis für die Paste. Sie wird so lange gemischt, bis sie dem Farbton des Leders entspricht, dann tragen Sie die Paste mit einem Spachtel auf und streichen sie glatt mit sauberen Übergängen ein. Dabei formen Sie gleichzeitig die Maserung aus. Bei einer komplizierten Punzierarbeit nehmen Sie mit der Gummimischung von einem Pendantstück einen Abdruck und streichen in diesen Abdruck die Reparaturpaste. Dann wird ein Karton darübergelegt und mit einem warmen Bügeleisen etwa zwei Minuten angedrückt. Der fertige Abdruck kann jetzt paßgenau in die mit Klebeband unterfütterte Schadstelle eingelegt werden.

Kleine Schäden, Reinigung und Pflege

Nicht immer muß der ganze Bezug erneuert werden, wenn er irgendwo eingerissen ist. Nadel und Faden wirken da schon Wunder. Prüfen Sie zunächst, ob sich der Stoff noch zusammenziehen läßt ohne zu spannen. Ist das der Fall, legen Sie die beiden zerrissenen Kanten ein wenig um, ziehen den Stoff jetzt auf Stoß zusammen und heften ihn so auf der Polsterung mit Stecknadeln fest. Dann wird mit der Rundnadel mit verzogenen Stichen zusammengenäht und immer gleich fest angezogen. Anfangs- und Abschlußknoten verstecken Sie nach dem Vernähen unter dem Stoff.

Auch ein Loch kann man sauber mit einem Ersatzflicken reparieren, wenn man den passenden Stoff findet. Bei kleineren Schäden kann man auf der Unterseite eines Sessels oder Sofas leicht ein entsprechendes Stück heraustrennen – die Bespannung wurde ja immer um die Kanten herumgezogen. Der Ersatzflicken soll immer etwas größer als das Loch sein und auch im Muster genau passen. Und achten Sie auf die Strichrichtung der Fasern – sie müssen ebenfalls parallel verlaufen.

Der Flicken wird einfach untergeklebt – so einfach ist das. Heben Sie den Bezugstoff soweit an, daß er nicht mehr auf der Polsterung aufliegt, und streichen Sie ringsherum von unten Kleber um den Rand. Halten Sie den Stoff mit einem un-

tergestellten Pappstreifen (ähnlich wie bei einem Hemdkragen) hoch, damit der Kleber ablüften kann. Auch der Flicken wird am Rand mit Kleber bestrichen und zwar so, daß der Kleberauftrag deutlich außerhalb des Randes der Schadstelle liegt. Dann den Flicken unterlegen, sorgsam einpassen und beide Teile kräftig zusammendrücken.
Abgerissene Knöpfe bei einem Heftpolster sind leicht wieder angenäht. Allerdings muß man dazu die Rückenverkleidung abnehmen. Der Knopffaden wird in die Knopföse eingefädelt, doppelt gelegt und dann in die Öse einer langen Nadel eingeführt. Ist das Loch im Stoff ausgerissen, wird es erst einmal eingefaßt. Dann stechen Sie die Nadel mit dem Knopffaden von vorn durch das Polster und knoten und vernähen den Faden auf der Rückseite.
Eine regelmäßige Reinigung ist immer noch die beste Vorbeugung gegen vorzeitige Schäden. Machen Sie es sich zur Gewohnheit, Ihre Polstermöbel jedesmal gleich mit zu saugen, wenn der Teppich gesaugt wird. So haben Dreck und Staubkörnchen erst gar nicht die Chance, sich einzunisten. Denn nur festsitzender Dreck kann auf Dauer die Fasern beschädigen. Mit Reinigungsmitteln sollten Sie vorsichtig und vor allem auch sparsam umgehen. Lesen Sie zunächst immer die Hinweise des Herstellers (am besten gleich beim Kauf, dann können Sie ja noch auswählen), und probieren Sie zunächst an einer versteckten Stelle. Trockenreiniger sind feuchten Mitteln in jedem Falle vorzuziehen, weil sie nur die Oberfläche befeuchten und nicht die Polsterung oder Füllung durchfeuchten.
Und handeln Sie rasch, damit sich Farbstoffe erst gar nicht einnisten können. Wenn man Rotwein z. B. sofort mit einem Papiertuch aufnimmt und dann Salz darauf streut, bleibt das Malheur meistens ohne Folgen. Die trockenen Salzkristalle müssen hinterher natürlich gründlich abgesaugt werden.

Der Holzwurm

Des Holzwurms Spuren an der Möbeloberfläche offenbaren sich in kleinen, kreisrunden Löchern von 1–2 mm Durchmesser. Sie hinterlassen zwiespältige Gefühle in des Antiquitätensammlers Brust: Ganz sicher können sie ein Zeichen sein für das fortgeschrittene Alter eines Möbels.
Ganz genauso aber hinterläßt die Entdeckung ein Gefühl des Unbehagens. Denn wer will schon mit Sicherheit sagen, ob die gefräßigen Schädlinge ihr schändliches Treiben nicht munter tief im Inneren unseres heißgeliebten Möbels forttreiben?
Nach dem Gesetz des Zufalls wird nach vielen Jahrzehnten oder nach mehr als hundert Jahren ein Holzgegenstand, der auch oft seinen Besitzer gewechselt hat und vielleicht viele Jahre auf dem Speicher verbrachte, zwangsläufig irgendwann von diesen kleinen Wandalen befallen.
Bliebe noch vorweg zu sagen, daß wir heutzutage zwischen dem echten und dem falschen Holzwurm unterscheiden müssen. Denn eben die Tatsache, daß Holzwürmer hauptsächlich in älteren Holzgegenständen Quartier beziehen, hat manchen zwielichtigen Händler dazu veranlaßt, Nachbauten mit Holzwurmspuren zu versehen. Die Methoden sind vielfältig. Mal wird mit dünnen Nadeln einfach eingestochen, andere Fälscher bohren, und sogar vor dem Beschuß mit Schrotladungen soll nicht zurückgeschreckt werden.
Aber solche Fälschungen sind mit dem bloßen Auge oder mit der Lupe relativ leicht zu entlarven: die Löcher sind immer von außen angebracht worden, und das sieht man eindeutig am Lochrand: er ist – egal, welche Methode benutzt wurde – leicht eingedrückt. Immer gehen die Löcher gerade in das Holz hinein.
Der Wurm aber bevorzugt krumme und gewundene Wege

(fast so, als wolle er unterstreichen, daß sein Treiben schändlich ist), und er frißt sich von innen nach außen. Das bedeutet, daß die Lochränder an der Oberfläche scharf geschnitten sind. Und wenn Sie mit einer dünnen Nadel hineinfahren, geht's recht bald um die Ecke.

Wenn man ein frisches Loch entdeckt, ist es zu spät

Was sich da gütlich tut in unserem schönen alten Möbel ist gar kein richtiger Wurm, es ist eine Made. Die Larve des »Holzwurmkäfers« braucht lange, um sich zum fertigen Insekt zu entwickeln: Zwei bis vier Jahre dauert es, bis sie sich zum fertigen, flugfähigen Käfer entwickelt. Während dieser Entwicklungszeit sieht man von außen nichts. Jedenfalls beim Erstbefall nicht. Denn das Weibchen setzt seine Eier in Spalten und Risse, und die sich daraus entwickelnden Larven suchen sofort den Weg ins nahrhafte Innere.

Sind die Käfer ausgewachsen, so beißen sie sich endgültig durch und verlassen die Stätte ihres Wirkens. Dieser freiwillige Auszug könnte einen froh stimmen, und man ist sogar versucht, dem Flüchtling sein Tun zu verzeihen, weil er ja nun endlich gegangen ist. Aber vorher hat er leider noch für reichlich Nachkommenschaft gesorgt.

Ein einziges Holzwurmweibchen legt noch kurz vor dem Verlassen in unmittelbarer Nähe des Ausflugloches 200–400 Eier ab, aus denen natürlich wieder kleine, gefräßige Larven entstehen, die ihrerseits wieder für Nachkommenschaft sorgen, bevor sie sich auf Wanderschaft begeben.

Wie stellt man fest, ob der Wurm noch drin ist?

Viele kreisrunde Löcher besagen, daß der Holzwurm auf jeden Fall in dem Möbel war. Der Vorbesitzer – wenn wir ihn kennen – oder der Händler werden uns natürlich voller Überzeugung ernsthaft versichern, daß die eifrigen Nager fort sind. Finden wir ein Möbel auf dem Sperrmüll, müssen wir's ohne diese Garantie riskieren.

Wie auch immer, Vorsicht ist besser als Nachsicht, und wir sollten uns persönlich davon überzeugen, ob noch ›jemand‹ im Verborgenen haust.

Man spürt den Holzwurm auf, indem man gegen seine Behausung klopft. Wenn frisches Holzmehl herausrieselt, ist der Beweis eindeutig. Aber legen Sie immer einen Bogen Papier darunter, damit das Holzmehl nicht einfach auf den Boden fällt. Es könnten unbemerkt Eier oder Larven herausfallen, die sich z. B. im Parkett einnisten oder ins nächste Tischbein flüchten. Und das Holzmehl sollte nicht einfach in die Mülltonne, besser ist es in jedem Fall, wenn Sie es verbrennen.

Das ganze Möbel soll sorgfältig abgeklopft werden. Also – bei einem Schrank oder einer Kommode z. B. nicht nur der Korpus, sondern jede Schublade einzeln und auch jede Tür. Nehmen Sie die Türen besser ab. Ein Hammerstiel oder ein Stück vom alten Besenstiel sind das geeignete Schlagholz.

Drehen und wenden Sie das Möbel und klopfen Sie von allen Seiten, von oben und unten – so lange, bis kein Holzmehl mehr herausrieselt. Das hat nichts mit Verfolgungswahn oder übertriebener Sauberkeit zu tun. Je mehr Holzmehl Sie herausklopfen, desto mehr Gänge werden freigelegt und um so tiefer kann das Bekämpfungsmittel eindringen.

Natürlich muß bei stark befallenen Stücken, wo Loch an Loch zu sehen ist, entsprechend vorsichtig zu Werke gegangen werden. Stuhl und Tischbeine und auch Schrankfüße können mitunter schon recht mürbe sein. Hier gilt es, der Tatsache des vollständigen Verfalls ins Auge zu sehen und das ganze Teil zu ersetzen. Wie wollen Sie auf einem Stuhl sitzen, wenn die gefräßigen Schädlinge von den Füßen nur noch den Lack haben stehen lassen? Es gibt zwar geeignete Bekämpfungsmittel, die auch festigende Füllstoffe enthalten, aber die können natürlich auch nicht mehr helfen, wenn schon leichter Druck oder ein leichter Schlag alles einstürzen lassen.

Geben Sie kein Pardon

Der Holzwurm muß nicht nur gejagt, er muß vor allen Dingen auch erlegt werden. Es hilft nichts, wenn Sie den Schädling entdeckt haben, müssen Sie ihm den Garaus machen. Und zwar gründlich. Denn bei seinem gesunden Appetit und seiner rapiden Vermehrung wird er jeden hölzernen Gegenstand in Ihren vier Wänden befallen und erst das Feld räu-

men, wenn die Nahrungsquellen versiegt sind. Dann allerdings ist auch das Mobiliar vollständig ruiniert. Also seien Sie in der Wahl der Mittel nicht zimperlich und gehen Sie konsequent zur Sache.
Aber führen Sie alle Holzschutzarbeiten in gut belüfteten Räumen durch, und betreten Sie diese Räume nicht, solange das Mittel einwirken muß. Bekämpfungsmittel, wie z. B. Xylamon-Holzwurmtod, sind zwar PCP-frei und gehören keiner Giftklasse an, trotzdem sollten Sie damit nicht in Wohnräumen arbeiten. Und auch nicht unterm Dach, weil zu große Hitzeeinwirkung und Luftstau unvorhersehbare Folgen haben können (siehe auch »Abbeizen«, S. 93). Und nach der Behandlung sollten die Möbel noch ein paar Tage auslüften können.

Streichen, Spritzen oder Gasen
Es gibt drei Arten, den Holzwurm zu bekämpfen. Dabei kommt es natürlich auf das jeweilige Befallstadium und auf den Zustand des Holzes an.
Unbehandeltes Holz, wie z. B. Schubladen, Schrankrückwände oder -innenwände, werden gestrichen, örtlich befallene Teile mit dem Spritzkännchen oder einer Injektionsnadel bzw. Spray behandelt. Stark befallene Teile, wie z. B. ein Stuhlbein, stellt man in einen Behälter mit Bekämpfungsmittel und einen Totalbefall kuriert man mit einer Gasbehandlung unter einem Zelt aus Plastikfolie.

Der richtige Zeitpunkt ist wichtig
Das Holzwurmweibchen legt seine Eier in den Frühsommermonaten ab, danach verläßt es die Stätte seines Wirkens. Sie sollten also mit der Bekämpfung deutlich vor dieser Zeit beginnen. Der geeignete Zeitpunkt für eine gründliche Behandlung – speziell für einen vorbeugenden Anstrich – ist das zeitige Frühjahr. Natürlich muß bei starkem Befall sofort gehandelt werden.

Streichen

Streichen ist die einfachste Methode, allerdings wirken streichbare Bekämpfungsmittel nur auf unbehandeltem, rohem Holz. So kann das Mittel tief in alle Poren einziehen. Es ist die geeignete Methode für eine Totalbehandlung. Rückfronten, Innenwände und Schubladen z. B. sind meist nicht lackiert und können ohne weitere Vorbehandlung gestrichen werden. Und wenn Sie ohnehin an anderer Stelle abbeizen mußten, kann auch gleich für den Holzschutz gesorgt werden. Wichtig ist, daß Sie die zu bestreichende Fläche waagerecht auslegen. So kann das satt aufgetragene Mittel sich gut verteilen und tief in die Poren eindringen. Wenn Sie alle Flächen waagerecht bestrichen haben, wird das Möbel möglichst luftdicht verpackt, damit das Bekämpfungsmittel durch Verdunstung auf möglichst engem Raum besonders gut wirken kann. Am besten hüllen Sie den Gegenstand in eine Plastikfolie, wie man sie beim Tapezieren oder Streichen auf dem Fußboden auslegt.

Bei starkem Befall kann die ganze Prozedur nach 1–2 Tagen Einwirkzeit wiederholt werden. Sind die Fronten des Möbels bereits lackiert, kann das Mittel trotzdem wirksam arbeiten. Streichen Sie es auf die unbehandelten Innenseiten.

Das Injektionsverfahren

Bei teilweisem Befall ist eine direkte Behandlung der einzelnen Löcher am geeignetsten. Dazu gibt es Spritzflaschen mit einer aufgesetzten Spritzdüse, etwa in der Größe von Nachfüllflaschen für Feuerzeugbenzin.

Jedes einzelne Loch wird mit dem Bekämpfungsmittel direkt ausgespritzt. Sollte die Spritzdüse zu dick sein, besorgen Sie sich aus der Apotheke eine Einmalinjektionsspritze. Damit läßt sich besser arbeiten.

Auch dieses Mittel wird tief eingespritzt, je mehr in das Holz eindringt, um so sicherer ist der Erfolg. Bei lackierten Oberflächen sollten Sie immer einen Lappen bereithalten und überschüssige Flüssigkeit sofort abwischen. Sonst könnte der Lack beschädigt und angelöst werden.

Nach der Behandlung sollen alle Löcher sorgsam verschlossen werden. So ist gewährleistet, daß das Mittel in voller Konzentration nach innen wirkt und nicht durch die Löcher verdunstet. Am besten verwenden Sie Schellack oder Möbelwachs. Wie man Wurmlöcher verschließt, lesen Sie in dem Kapitel »Oberflächen ausbessern und restaurieren« (S. 37, kleine Lackschäden).

Spray
Bekämpfungsmittel aus der Spraydose lassen sich sowohl bei totalem als auch bei teilweisem Befall einsetzen. Das Mittel wird auf die befallenen Partien gesprüht; genau wie bei der Streichmethode soll das Möbel waagerecht ausgelegt sein, damit das Mittel liegenbleibt und eindringen kann. Gehen Sie dabei so dicht wie möglich heran, damit viel in die Löcher eindringt. Speziell für unebene Oberflächen ist Spray geeignet. Aber es ist ganz besonders darauf zu achten, daß eine lakkierte oder bemalte Fläche nicht angelöst wird. Im Zweifelsfall verzichten Sie lieber auf Spray und arbeiten mit der Injektionsnadel.

Tauchen und Begasen
Stark befallene Möbelbeine müssen regelrecht getaucht werden. Stellen Sie die Beine in eine Dose mit Bekämpfungsmittel. Das Holz saugt sich voll und zieht die Flüssigkeit nach oben. Die Wirkung wird verstärkt, wenn Sie das ganze Möbel unter eine Plastikplane stellen, die ringsherum so beschwert ist, daß sie luftdicht am Boden abschließt. In diesem Fall kann keine Rücksicht mehr auf den Lack genommen werden, es geht bei entsprechend starkem Befall in erster Linie darum, die Substanz zu retten.
Wenig befallene, dünnwandige Gegenstände können mit Salmiak begast werden. Dazu stellen Sie eine offene Dose mit Salmiakgeist unter das Plastikzelt und sorgen wieder für einen luftdichten Bodenabschluß. Nach zwei Tagen kann gelüftet werden.

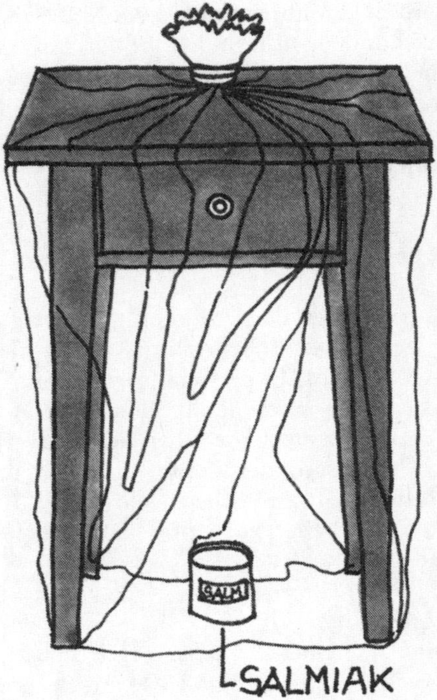

Unter den befallenen Gegenstand stellt man eine offene Dose mit Salmiak und dichtet mit einer Plastikfolie ab.

Festigen und Kontrollieren

Nach der Behandlung soll das Holz zunächst einmal gut durchtrocknen und dann muß kontrolliert werden, ob sich die unliebsamen, gefräßigen Untermieter nicht noch irgendwie verbergen.

Also wird wieder geklopft. Nur so können Sie sicher sein, ob wirklich kein Leben mehr in Ihrem guten alten Stück ist. Dann werden alle Löcher gut mit Wachs oder Holzspachtel verschlossen.

Stark durchfressene Partien müssen gefestigt werden. Dazu gibt es kunstharzhaltige Lacke, die tief in das Holz eindringen

und die porösen Stellen stabilisieren. Die Oberflächenbehandlung erfolgt wie gewohnt.
Wer's ›antik‹ liebt, kann natürlich die echten Löcher so lassen wie sie sind. Aus Sicherheitsgründen aber sollten Sie in gewissen Zeitabständen einmal anklopfen, ob nicht ein neuer Wurm Quartier bezogen hat und sich's schon wieder wohlschmecken läßt.

Ergänzen und Auswechseln

Zum Glück sind Möbel normalerweise immer symmetrisch gebaut. Und das hilft uns bei diesem schwierigen Kapitel über ein sonst nicht definitiv zu lösendes Grundproblem hinweg: Wie hat das fehlende oder stark deformierte Stück wirklich ausgesehen? Es gibt immer eine linke und eine rechte Seite, und so ist auf jeden Fall – wenn auch manchmal nur spiegelbildlich – ein Pendant vorhanden.

Einen Abguß anfertigen
Mit einer Vorlage ist das Anfertigen eines entsprechenden Ersatzteiles mit der Abgußtechnik noch nicht einmal eine Frage handwerklichen Könnens oder künstlerischen Talentes. Wenn die Vorlage seitenrichtig ist, machen wir einfach einen Abdruck aus Silikonkautschuk und gießen ihn mit Flüssigholz oder Holzpaste aus. Der so gewonnene Abguß wird ebenso angebracht wie bei der Reparatur eines Bilderrahmens (siehe dort). Wir können übrigens genau wie beim Bilderrahmen auch mit Weißleim angerührten Gips verwenden, wenn das Möbel so lackiert und verschliffen ist, daß man die Holzstruktur ohnehin nicht mehr erkennt.
Flüssigholz, Holzpaste oder Holzkitt gibt es in verschiedenen Tönungen passend für die im Möbelbau gebräuchlichsten Hölzer. Man kann sich eine solche Paste selbst anmischen. Aber wählen Sie doch lieber den bequemeren Weg – wenn unsere heutige Zeit schon so modern und fortschrittlich ist, sollte man sich mit ihren Produkten auch die Arbeit erleichtern.
Holzkitt kann nach dem Aushärten ganz wie normales Holz bearbeitet werden. Man kann das Stück schleifen, sägen und nachschnitzen. Die Masse läßt sich nicht nur streichen, sie nimmt sogar Beize an.

Ersatzteile »von der Stange«
Auch das gibt es. Wenn Griffe, Füße, Stützen, Zier- oder Profilleisten und sogar Schnitzwerk abgeplatzt sind, kann man entsprechende oder ähnliche Teile in gut geführten Heimwerkerläden bekommen. Die Auswahl ist groß, und die Stücke sind nach den Originalvorbildern aus den verschiedensten Stilepochen gefertigt. Wenn Sie das Passende finden, warum also nicht?

Beim Kauf brauchen wir eine vorbildgetreue Unterlage zum Vergleich. Das ganze Möbel kann man in den seltensten Fällen mitnehmen. Wenn das Pendant (bei einer aufgeleimten Zierleiste, einer Rosette oder einem Schnitzelement z.B.) ohnehin locker ist oder es sich ohne Beschädigung leicht entfernen läßt, sollten wir immer ein solches Originalmuster mitnehmen. Sie können aber auch leicht eine Skizze auf Transparentpapier abgreifen. Dort, wo das Stück gesessen hat, ist ja nur noch das blanke Holz mit eventuellen Leimresten darauf zu sehen. Wir legen einfach ein Transparentpapier darüber, fixieren es mit Klebeband (damit nichts verrutscht) und zeichnen die Konturen mit einem Bleistift darauf. Ist nur noch das Gegenstück vorhanden, machen wir es genauso – es braucht ja nur umgedreht zu werden, und wir sehen die benötigte Form seitenrichtig.

Die Ersatzteile sind aus echtem Holz und lassen sich auch entsprechend oberflächenbehandeln. Bevor Sie damit beginnen, sollten Sie unbedingt wässern und schleifen. Die Stücke sind in Kopierfräsen serienmäßig hergestellt. Eine solche Arbeit kann nicht eine so glatte, sauber geschnittene Oberfläche haben wie die geschnitzte Zierleiste von Gesellenhand an unserem guten alten Stück. Der Fräskopf läuft nur in eine Richtung und hinterläßt längere Holzfasern als das scharf trennende Messer. Wenn wir jetzt gleich streichen, richten sich die Fasern auf, und die Oberfläche wird rauh und pelzig. Deshalb machen wir sie erst einmal mit einem Schwamm naß. Ganz wie gewünscht quillt das Holz jetzt auf, und die Fasern stehen. Nach dem Trocknen wird mit feinem Schleifpapier nachgeschliffen und gebürstet, dann kann gestrichen werden.
Vor dem Aufleimen muß das Klebebett von alten Leimresten

gereinigt werden (anschleifen, mit dem Stemmeisen abstoßen), dann geben wir Weißleim (auch Expreßleim) an und legen die Stücke auf. Damit sie nicht verrutschen, fixieren wir sie lieber mit textilem Klebeband (das paßt sich Profilen besser an) und legen kleine Sandsäcke zum Anpressen drauf.

Ersatzteil nachgeschnitzt

Zierblenden, durchbrochene Schnitzereien, Rahmenteile, Sitzlehnen usw. sind oft an hervorstehenden Ecken oder dünnen Punkten ausgebrochen. Diese Teile sind meistens aus einem Brett geschnitzt, und wenn die Stege und geschwungenen Ornamente so gesägt wurden, daß die Maserung nicht mehr voll durchlaufen kann, ist die Gefahr des Herausbrechens besonders groß. Es braucht sich dabei noch nicht einmal um mechanische Beanspruchung zu handeln, es können auch Stücke herausfallen, wenn das Holz anfängt »zu arbeiten«.

Aber auch hier wird es immer ein Pendant geben, von dem man eine Skizze abnehmen kann.

Dazu legen wir aber eine Pappe oder einen starken Karton unter das entsprechende Teil oder befestigen es dahinter mit Klebeband. Jetzt ist es leicht, die Konturen auf den Karton zu übertragen. Diese Vorlage muß seitenrichtig auf das Ersatzholz gezeichnet werden. Nichts leichter als das: Legen Sie ein Stück Transparentpapier auf den Karton und zeichnen Sie die Umrisse mit Bleistift darauf. Dieses Papier wird mit der Graphitschicht nach unten auf das Ersatzholz gelegt. Dann brauchen wir genau wie im Schulunterricht nur noch durchdrükken und die Linien auf dem Holz noch einmal deutlich nachzuzeichnen. Dabei soll das neue Stück immer deutlich größer sein als die Schadstelle. Weil ja noch genügend »Fleisch« zum Einpassen bleiben muß. Denn ähnlich wie bei der Reparatur des Stuckrahmens (S. 118, siehe dort), müssen auch hier die Bruchränder begradigt werden, um das Ersatzteil sauber einzupassen.

Die Maserung des Ersatzholzes soll immer in derselben Richtung laufen wie beim Originalholz. Entsprechend groß müssen Sie das Stück auswählen. Und es muß genauso dick oder noch ein wenig stärker als die Originalschnitzerei sein.

Am besten eignet sich Lindenholz. Es ist wegen seiner Dichtwüchsigkeit zum Schnitzen bestens geeignet und spaltet nicht so leicht wie z. B. Kiefer oder Fichte. Eiche ist entschieden zu hart, Pappel schon wieder zu weich.

Gearbeitet wird mit Rand. Erst die fertige Schnitzerei wird endgültig aus dem Restbrett herausgenommen. Wie wollten Sie das Stück denn auch sicher einspannen und festklemmen, wenn Sie die Struktur mit dem Stecheisen herausarbeiten?

Betrachten Sie das Werkstück als Rahmen, in dem Sie die endgültige Form herausarbeiten können. Wenn die Form übertragen ist, schraffieren Sie die Felder, die herausgenommen werden müssen – aber ähnlich einer Laubsägearbeit immer mit einer Verbindung zum Rahmen. Diese Verbindungsstege werden erst ganz zum Schluß getrennt. Wenn die schraffierten Felder mit der Laubsäge oder mit der Stichsäge (es kommt auf die Form und die Dicke des Holzes an, welches Werkzeug sich besser eignet) herausgetrennt wurden, bleibt die Kontur übrig.

Mit dem Stecheisen, Schnitzmesser, einer Holzfeile und Schmirgelleinen muß jetzt nach dem Pendant die endgültige Form gearbeitet werden. Das liest sich zugegebenermaßen leichter als es ist, und jemand, der kein Gefühl für eine solche Arbeit hat, wird wohl schon verzweifeln. Aber wer zwei linke Hände hat, sollte sich ohnehin lieber nicht an so etwas heranwagen und spätestens jetzt ehrlich genug vor sich selbst sein und seine eigenen Grenzen eingestehen.

Eine gute Hilfe ist eine biegsame Welle mit Schleifkopf. Damit arbeitet man ähnlich wie ein Graveur. Die Vorarbeit mit dem Stecheisen oder Schnitzmesser erspart das aber nicht. Grundsätzlich gilt, daß Sie einem Maschinenwerkzeug eine Führung geben müssen. Das ist in unserem Falle eine vorgekerbte Rinne, in der der Schleifkopf geführt werden kann. Auf dem bloßen Bleistiftstrich hält er sich nicht, sondern würde – speziell bei hoher Drehzahl – sofort quer über das ganze Werkstück reißen. Wir schaffen aber kein modernes Kunstwerk, sondern wollen nachbauen – exakt und originalgetreu nachbauen. Und da dürfen wir das Endergebnis nicht dem Zufall überlassen.

Wenn Sie mit dem Ergebnis Ihrer Arbeit zufrieden sind und das Stück dem Pendant entspricht (zwischendurch immer wieder gegenhalten und vergleichen), wird es aus dem Rahmenblock herausgetrennt. Die letzten Ausformungen und Übergänge an den Trennstellen arbeiten wir mit dem Schnitzmesser heraus.

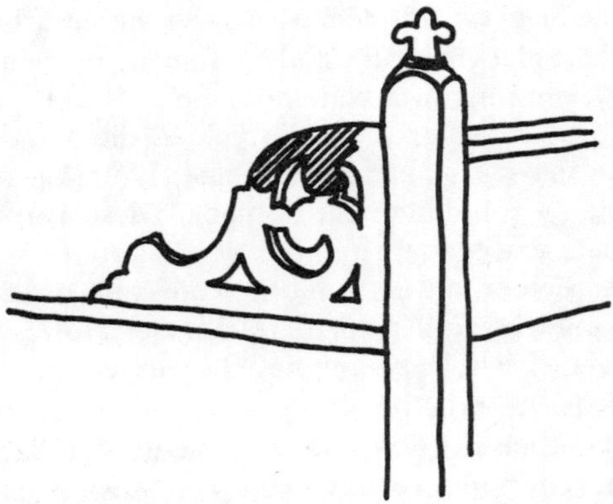

So ein herausgebrochenes Stück ist schnell mit Laubsäge und Stechbeitel nachgearbeitet.

Das fertige Stück muß nun an seinen Platz. Wir erinnern uns, daß es grundsätzlich größer sein soll als die Schadstelle des herausgebrochenen Teils. Denn die Bruchränder sind immer unregelmäßig, und wir müssen diese Ränder am intakten Teil erst einmal so vorbereiten und begradigen, daß wir unser Ersatzteil einpassen können.
Geschnitten wird nach Möglichkeit so, daß wir mit dem Schnitt dem Verlauf der Maserung folgen können. So fällt er am wenigsten auf. Nur wenn die Konstruktion geschwächt wird oder der Trennschnitt quer durch das ganze Stück geführt werden müßte, weichen wir von diesem Prinzip ab.
Lange, schmale Stücke können durch einen schrägen oder V-förmigen Schnitt besser befestigt werden, weil dadurch die Leimkontaktfläche vergrößert wird. Dabei spielt natürlich

eine Rolle, ob das Ersatzteil von Form und Konstruktion her überhaupt noch eingesetzt werden kann. Am günstigsten ist es, von vorn schräg nach außen weg zu sägen und dann das Ersatzteil von hinten einzuleimen.
Das Ersatzteil wird erst dann passend zugeschnitten, wenn die Schadstelle vorbereitet ist. Gleichen Sie die Paßstellen vorsichtig und exakt an – ein wenig zuviel weggenommen und die vorangegangene Mühe ist umsonst gewesen. Wir leimen hier lieber mit Expreßweißleim, der bindet wesentlich schneller ab als normaler Weißleim.
Es wird unvermeidbar sein, die Teile zusammenzupressen. Setzen Sie die Schraubzwingen vorsichtig an, und legen Sie immer einen Filzstreifen oder ähnliches zwischen, um die Oberfläche vor Druckstellen zu schützen.
Die Oberflächenbehandlung erfolgt dann entsprechend dem Original. Lesen Sie dazu das Kapitel ›Oberflächen‹. (S. 35)

Weitere Teile ergänzen: Füße, Zapfen, abgebrochene Beine
Hier geht es um konstruktives Restaurieren. Teile, die durch Schädlingsbefall, Alterung oder Gewalteinwirkung in ihrer Substanz soweit zerstört sind, daß sie nicht mehr ihre Funktion erfüllen können, müssen ganz oder teilweise ersetzt werden. Das können sein:
vom Schwamm befallene und zerstörte oder angegriffene Füße von Schränken, Tischen oder Sitzmöbeln;
von Insekten zerfressene oder zerstörte Möbelbeine;
durch Gewalteinwirkung gebrochene Verbindungselemente (abgebrochene Zargen, gesplitterte Streben).
Grundsätzlich gilt: es muß immer bis zum gesunden, tragfähigen Holz alles abgenommen werden. Das gilt besonders für von Schädlingen befallene Stücke. Und schmeißen Sie die befallenen Stücke nicht einfach auf den Müll, sondern verbrennen Sie sie. Oder sorgen Sie dafür, daß sie verbrannt werden.
Die Schnittstellen, besser noch das ganze Möbel, sollen dann erst mal einer Kur gegen Schädlingsbefall unterzogen werden (siehe dort). Die eigentliche Arbeit beginnt mit der Auswahl eines geeigneten Ersatzholzes.

Einen Fuß ersetzen

Wir gehen von einem schlichten, vierkantigen Tisch- oder Stuhlbein aus, weil es hier nur um das Ansetzen eines neuen Teiles geht. Die individuelle Form muß in jedem Falle herausgearbeitet und angeglichen werden – egal ob gerade, geschweift, gekrümmt oder reichlich geschnitzt. Manches findet man auch fertig gedrechselt als Ersatzteil.

Zunächst einmal muß das zerstörte Stück abgetrennt werden (wenn es sich um Schädlingsbefall handelt); bei einer Bruchstelle trennen Sie dort, wo das Restholz noch intakt ist, d.h. deutlich oberhalb von Rissen oder Spalten.

Das Ersatzholz soll ringsherum ein wenig stärker sein als das Möbelbein, damit Sie später einen guten Übergang herausarbeiten können. Aber vorsichtig, hier kommt es nicht auf die Trennstelle an, sondern auf die dickste Stelle des neu anzufertigenden Teiles – z.B., wenn der Fuß unten noch eine Standplatte hat oder wenn das Bein in der »Wade« dicker wird. Das neue Stück soll immer dem Originalholz entsprechen.

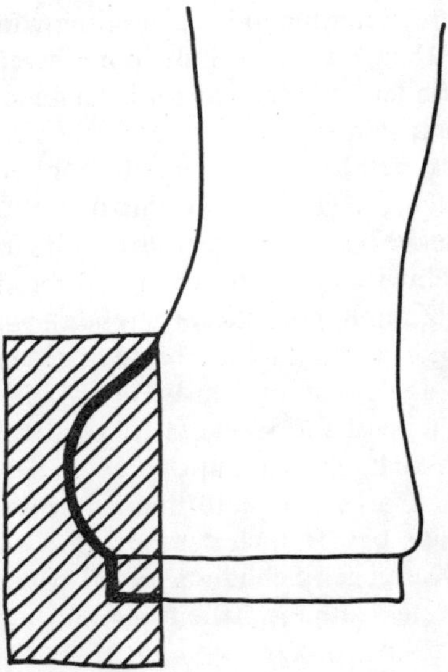

So wird ein abgesplitterter Kissenfuß ergänzt.

Dabei ist der äußere Anschein mitunter eine Täuschung: der Sägeschnitt wird uns definitiv zeigen, ob es sich z. B. tatsächlich um Buche, Eiche oder Mahagoni handelt. Diese Hölzer gibt es leider – gerade in den für ein Möbelbein benötigten Maßen – nicht aus dem Leistenregal. So muß dann zunächst gründlich gemessen werden: in der Länge lieber 5–10 cm mehr für den Verschnitt beim Anpassen und in der Dicke ringsherum ca. 1–2 mm mehr, um einen sauberen Übergang zu schaffen. Die Länge des Ersatzstückes ermitteln Sie aus der Länge eines intakten Möbelbeines abzüglich des Reststükkes, an welches das Ersatzteil angebaut werden soll (plus Zulage). Bei geschweiften Formen übertragen Sie die Kontur auf einen starken Karton oder eine Pappe (von vorn und von der Seite) und können so den Holzbedarf ausrechnen.

Die Kontur ist auch bei der Anfertigung eines rechteckigen Beines wichtig, weil es immer leicht konisch zulaufen wird. Zum Herausarbeiten der Form brauchen Sie eine Werkbank oder eine Vorrichtung zum Einspannen des Werkstückes. Dann wird mit dem Hobel so lange Span für Span abgenommen (immer in Richtung der Verjüngung), bis die Kontur stimmt. Vergleichen Sie immer und immer wieder, am besten durch immer wieder neues Anlegen an das intakte Vorbild. So lange, bis das Ersatzteil an der Paßstelle ringsherum noch etwa 1 mm dicker ist.

Die Verbindung wird je nach Dicke des Holzes mit einem oder zwei Dübeln gesichert. Wenn Sie sich durch Anlegen des Ersatzstückes überzeugt haben, daß die Kontaktflächen winkelgetreu aneinanderpassen, wird die Verbindung vorbereitet. Bohren Sie in die Mitte des verbliebenen Beines exakt senkrecht ein Dübelloch und setzen Sie dort einen Dübelmarkierer ein. Das ist ein kleiner Metallstift mit einer Dornspitze. Wenn Sie das Ersatzteil jetzt paßgenau ansetzen, drückt sich dieser Dorn ein, und Sie haben automatisch die richtige Position des Dübelloches markiert. Auch hier wird wieder gebohrt, dann können die Teile verleimt werden.

Zum Schluß wird der Übergang sauber angeglichen (schleifen, immer wieder schleifen), und dann erfolgt die Oberflächenbehandlung entsprechend dem Original.

Einen Zapfen neu ansetzen

Eine Zapfenverbindung ist immer auch eine stark belastete Verbindung. Sonst brauchte man das Holz ja nicht mit viel Mühe zuschneiden, formen und einpassen. Einfaches Zusammenleimen reicht hier weder bei der Konstruktion noch bei der Restauration. Soll ein Zapfen ersetzt werden, dann muß das so geschehen, daß die ganze Verbindungskonstruktion wieder fest, stabil und tragfähig wird.

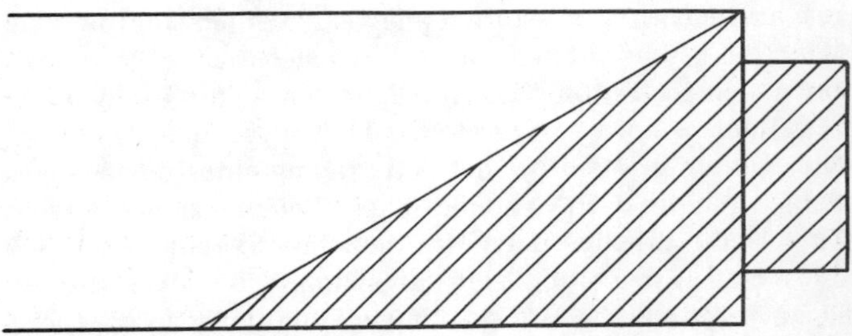

Möglichst schräg und tief in das gesunde Holz soll das Stück mit dem neuen Zapfen angesetzt werden.

Wie eine Zapfenverbindung aussieht, ist in dem Kapitel »Sitzmöbel reparieren und neu beziehen« (S. 45) beschrieben. Der Zapfen ist aus dem Teil, an dem er sitzt, herausgeformt, und er lagert in einer Aussparung des Gegenstückes, die paßgenau nach der Dimension des Zapfens ausgestemmt wurde.

Der Zapfen beim Stuhl oder Tisch ist die Verlängerung der waagerechten Zarge in dem senkrechten Bein. Der Zapfen liegt mit der Unterseite in der Aussparung des Beines auf. Weil die Hauptbelastung immer von oben kommt und die Maserung in dem Holz quer verläuft, bricht der Zapfen unter zu starker Belastung meistens nach oben aus und reißt auch noch ein Stück der Zarge mit. Bei Querbelastung bricht er an der Paßstelle ab, der Zapfen bleibt im Zapfenloch, die Zarge ist stumpf.

Egal ob der Zapfen herausgebrochen ist (und die Zarge beschädigt hat) oder ob er abgebrochen ist: die Reparatur muß tief in beide Teile hineinreichen, damit die Last auf das ganze Stück übertragen werden kann.

Einen glatt abgebrochenen Zapfen kann man durch eine Dübelverbindung ersetzen. Dazu werden die letzten Bruchstücke an der Zarge entfernt und die Stirnfläche plan geschliffen. Das Zapfenloch in der Zarge wird vollständig gesäubert, alte Leimreste müssen gründlich entfernt werden. Dieser Raum muß wieder aufgefüllt werden. Das machen wir mit einem entsprechend zugeschnittenen Stück Ersatzholz, das nach dem Einleimen noch ein wenig herausragen soll. Wenn auch hier die Übergänge plan geschliffen sind, bohren wir die Dübellöcher. Zunächst in der Zarge. Sie sollen so positioniert sein, daß sie übereinander im Feld des ehemaligen Zapfens liegen. Und zwar voneinander mindestens um eine Materialdicke entfernt und nach oben bzw. unten etwa ½ Materialdicke zur Begrenzung des ehemaligen Zapfens. Die Gegenposition in der Senkrechten markieren wir und bohren auch hier die Dübellöcher. Jetzt können beide Teile mit den Dübeln wieder zusammengefügt und verleimt werden.

Ein gesplitterter oder gerissener Zapfen, der auch noch die Zarge beschädigt hat, wird so ersetzt: Wenn noch ein Teil des Zapfens erhalten ist, führen Sie einen Sägeschnitt von der äußersten unteren bzw. oberen Spitze so flach verlaufend bis in die Zarge hinein, daß eine gerade Kante entsteht. Ergänzend zu dieser Form sägen Sie ein Ersatzstück zu, das etwas stärker als die Zarge ist, aber in der Länge den ganzen Zapfen mit einschließt. Ersatzteil und Zarge werden verleimt. Hat der Leim abgebunden, arbeiten Sie mit Säge, Stecheisen und Holzfeile aus dem angesetzten Stück den Zapfen heraus. Er sollte aber von vornherein so dimensioniert sein, daß er stramm in das Zapfenloch paßt. Zusammengefügt wird das Ganze wieder mit Weißleim, wobei wir den nötigen Anpreßdruck ganz mit den Mitteln erzielen, die uns zur Verfügung stehen: Schraubzwingen, Gurtspannbänder oder »Kordeltrick«. Lesen Sie bitte nach unter »Sitzmöbel reparieren und neu beziehen« (S. 50) – Anpressen und Ausrichten.

Durchdübeln

Durchdübeln ist eine leichte und einfache Reparaturmöglichkeit mit nur einem Nachteil: sie ist von außen sichtbar. Trotzdem können wir mit dieser Möglichkeit immer dort arbeiten, wo man nicht gleich hinsieht: also an der Rückfront oder an verdeckten Seiten. Und auch bei einem farbig gestrichenen Möbel, wenn vorher noch ausgekittet und grundiert wird.

Voraussetzung ist ein einwandfreier Bruch ohne Risse und ohne daß ein Stück fehlt. Auch der Restzapfen soll fest verleimt sein. Das Holz selber muß ebenfalls völlig gesund sein.

Beide Teile werden einfach wieder zusammengeleimt und aneinandergepreßt. Dann bohren Sie von außen durch die alte Zapfenverbindung bis in die Zarge hinein zwei Dübellöcher übereinander, die um Materialdicke voneinander entfernt sein sollen.

Jetzt brauchen Sie nur noch die Dübel einzuleimen und die herausragenden Stücke nach dem Abbinden des Leims plan zu schleifen. Eine andere Methode ist, die Dübel leicht versenkt einzusetzen und die Löcher mit Holzkitt anzugleichen.

Zapfenloch erneuern

Es bricht nicht nur der Zapfen in der Zarge ab, natürlich kann dabei auch das Stuhl- oder Tischbein beschädigt werden, in dem das Zapfenloch sitzt. Wir prüfen zunächst, wie weit der Schaden geht und ob nur eine Seite des Zapfenloches abgebrochen ist oder beide.

Die Reparatur wird ähnlich ausgeführt wie beim Ersetzen eines Fußes. Entlang der intakten Innenseite des Zapfenloches sägen wir das Bein senkrecht bis tief unter die Schadenstelle ein. Dann erfolgt ein Querschnitt von außen, und wir können das beschädigte Teil entfernen. Es muß als Ersatzteil mit ausgearbeitetem Zapfenloch neu angefertigt werden und wird dann paßgenau eingeleimt.

Hier gilt wieder: Je schräger Sie den Abtrennschnitt von außen führen, desto mehr retten Sie von dem alten Holz als Stützmaterial und desto größer wird die Leimkontaktfläche.

Auch das Ersatzstück soll zunächst ein wenig dicker als das Original sein und muß dann nach dem Abbinden des Leimes sorgsam den Konturen angepaßt und eingeschliffen werden. Danach erfolgt wieder die Oberflächenbehandlung entsprechend dem Original.

Schlösser und Beschläge

Schlösser sind – was das Aussehen betrifft – Opfer des technischen Fortschritts. Früher hatten sie eine recht simple, aber solide Mechanik, dafür aber war das Äußere außerordentlich reich verziert und prunkvoll gearbeitet. Als der Schließmechanismus im Innern komplizierter wurde, wurde das Äußere zunehmend schlichter. Von einem modernen Sicherheitsschloß sieht man heute nur noch das Schlüsselloch, und auch das ist so in die Tür eingepaßt, daß man es nirgendwo von außen packen kann. Es gibt keine hervorstehenden Teile, die es einem Eindringling möglich machen, das Schloß einfach auf- oder herauszubrechen. Sog. Schränker (so nennt man im Ganovenjargon die Geldschrankknacker) müssen heutzutage schon hochspezialisierte Feinmechaniker sein, wenn sie ein Sicherheitsschloß öffnen wollen.

Früher war das nicht so. Da brauchte man vor allen Dingen schiere Kraft, um ein Schloß gewaltsam zu öffnen. Denn die Sicherheit alter Schlösser war ihre massive Bauweise. Das gilt vor allen Dingen für Vorhängeschlösser an Truhen und Toren oder für die Schlösser an Eingangstüren. Kräftig dimensionertes Eisen konnte man mit den damaligen Werkzeugen nicht in wenigen Minuten oder gar Sekunden durchtrennen.

Natürlich waren auch die Schlüssel echte Kunstschmiedearbeiten, groß und schwer und überaus reich verziert. Trotzdem kann man sagen, daß die Schlüssel bis in das 16. Jahrhundert hinein, als die Entwicklung des Verschlußmechanismus im Schloß immer mehr vervollkommnet und komplizierter wurde, eher eine bessere Art Dietrich waren. Nur – ein solcher Schlüssel hatte auch seine Größe und konnte nicht einfach aus einem Draht oder Nagel hingebogen werden. Mit der Größe und dem Gewicht war auch ein Problem unserer modernen Zeit noch gar nicht aktuell: einen solchen Schlüs-

sel konnte man nicht so leicht verlegen, und wenn man ihn verlor, machte er sich in den meisten Fällen durch ein kräftiges Fallgeräusch bemerkbar.
Schlösser werden oft gesammelt, in der Regel werden die recht großen Vorhängeschlösser, wie sie für Truhen benutzt wurden, und die reich verzierten Türschlösser für den Innen- und Außenbereich sowie Möbelschlösser gesammelt. Sie waren meist aus Eisen angefertigt, erst Ende des 17. Jahrhunderts setzte sich Messing als Material für das Gehäuse durch – so wie es heute noch Mode ist.
Etwas fällt auf bei der Entwicklung der europäischen Schlösser: Sie hinkten in der Mode der jeweiligen Stilrichtung immer ein wenig hinterher. So wurden noch im 16. Jahrhundert Schlösser in Renaissancemöbel und -türen eingebaut, die im gotischen Stil gefertigt waren. Diese alten Schlösser waren kunstvoll verziert und mit vielen Ornamenten versehen. Nicht selten stellten diese Schließwerke kleine Türme, Burgen oder Schlösser dar.
Die Mechanik selbst war im Durchschnitt recht einfach: zwei bogenförmige Eisen wurden mit dem Schlüssel auseinandergedrückt und schnappten um einen keilförmigen Zapfen (Vorhängeschloß). Beim Kastenschloß wird die Zuhaltung meist direkt mit dem Schlüsselbart vorgeschoben. Das Ganze ist wie gesagt recht massiv und schiebt auch heute noch gewaltsamen Eindringlingen im wahrsten Sinne des Wortes »einen Riegel vor«.

Möbelschlösser
Grundsätzlich fällt im Gegensatz zu modernen Schlössern auf, daß in alten Möbeln die Schlösser viel weiter zur Mitte hin sitzen. Also nicht so dicht am Rand wie heute.
Ein Schubladenschloß in einer Kommode oder in einem Sekretär ist fast immer in der Mitte angebracht. Das ist bei den heute üblichen Schlössern nicht möglich. Sie sind kürzer gebaut. So ist nur bedingt möglich, ein modernes Schloß hinter ein altes Schlüsselschild zu montieren und eine alte Reile (der Schlüsselgriff) an einen modernen Schlüssel zu löten. Wenn sich eine solche Lösung anbietet, sollten Sie – sofern es sich

nicht um eine wertvolle Antiquität handelt – ein nicht funktionierendes Schloß an Großvaters Sekretär auf diese Weise austauschen. Von außen sieht man nichts.

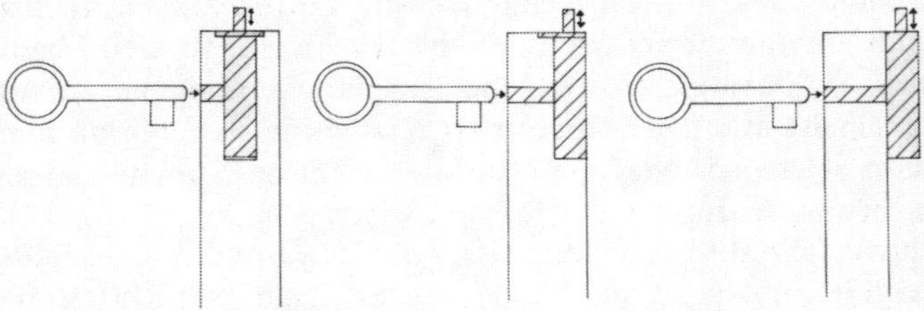

Von links: Einsteckschloß, Einlaßschloß, aufgeschraubtes Schloß.

Man unterscheidet zwischen Einsteck- und Einlaßschloß sowie aufgeschraubtem Schloß.
Einsteckschlösser sind in die Schubladenfront oder auch in die Möbeltür eingelassen, d.h. der entsprechende Raum ist aus dem vollen Material ausgestemmt, und man sieht nur den Stulp, das Blech, an welchem das Schloß befestigt ist und das mit dem Möbel verschraubt wird.
Das Einlaßschloß muß keinen Stulp haben. Es sitzt in der Innenfront der Tür. Der entsprechende Raum wurde herausgestemmt, so daß die Rückseite des Schloßkastens plan an der Innenfront der Tür anliegt.
Das Kastenschloß ist nicht in die Tür eingelassen, es ist von hinten auf die Tür oder Schublade aufgeschraubt.
Damit man den Schlüssel einstecken kann, ist die Tür vorne aufgebohrt oder ausgestemmt. Diese Öffnung ist mit einem Schlüsselschild verblendet, das natürlich sofort zum beliebten Objekt der Künstler wurde.

Reinigung und Pflege
Zunächst einmal muß das Schloß ausgebaut werden. Weil es nur vor dem unbeabsichtigten Zugriff von außen schützen soll, kann man es immer leicht ausbauen, wenn die Tür geöffnet ist. Es wird immer Schrauben, Bolzen oder Nägel geben,

die es zu lösen gilt. Damit das leichter geht, sollte das Umfeld – und zwar nur das Metallumfeld – mit einem Rostlöser ganz gezielt bestrichen oder eingesprüht werden. Verhindern Sie, daß die Flüssigkeit in das Holz eindringen kann.
Ist der Schlüssel verlorengegangen oder gar abgebrochen, muß man an die Rückseite herankommen. Der Schrank muß also von hinten geöffnet werden, dann kann man das Schloß ausbauen. Bei einem Einsteckschloß wird es in den meisten Fällen (vorausgesetzt wieder, es ist keine wertvolle Antiquität) nichts ausmachen, wenn die Rückseite der Tür an der entsprechenden Stelle ausgeklinkt wird. Den abgebrochenen Schlüssel oder Bart bringt man durch heftiges Schütteln wieder ans Tageslicht. Bei einfachen Schlössern fällt er meistens schon von selber heraus.
Es gibt zwei Wege der Reinigung: Entweder Sie nehmen das Schloß auseinander, oder Sie legen es ganz und gar in ein Entrosterbad.
Der grobe Rost wird zunächst durch Bürsten oder Klopfen entfernt. Aber seien Sie vorsichtig bei Gravuren oder Ziselierungen. Zu kräftige mechanische Bearbeitung könnte viel des Details zerstören.
Wenn Sie ein altes Schloß auseinandernehmen wollen, müssen Sie die Nietbolzen aufbohren, sonst können Sie den Kasten nicht öffnen. Das bedeutet aber auch, daß Sie später neue Bolzen einsetzen müssen. Das heißt, sich schon von vornherein Gedanken um den Ersatz zu machen und z.B. mit dem Schlosser aus der Nachbarschaft zu klären, ob es solche Bolzen noch zu haben gibt.
Nehmen Sie aber nur eine Seite des Kastens ab und skizzieren Sie sich das Innenleben. Oder Sie machen wieder ein Polaroidfoto. Dann können Sie alle Teile bedenkenlos in das Entrosterbad werfen und abwarten.
Ein Entrosterbad ist gleichzeitig ein Rostumwandler. Das ist wichtig zu wissen, wenn Sie das komplette Schloß hineintauchen. Das Eisen ist danach prinzipiell rostgeschützt, weil der Rostumwandler die Rostschicht in eine Schutzschicht umgewandelt hat, unter der es nicht mehr weiterrostet.
Übrigens: Rost ist auch ein Korrosionsschutz. Wenn die Rost-

schicht so dick geworden ist, daß der zur Korrosion notwendige Sauerstoff nicht mehr durchdringen kann, hört der Zerstörungsprozeß auf. Deshalb sind alte Schlösser noch so rüstig: sie sind kräftig und solide dimensioniert.

In Nitroverdünnung wird das Metall nach Beendigung des Entrosterbades gereinigt. Dazu füllen Sie die Nitroverdünnung in ein Gefäß aus Glas, Porzellan, Steingut oder Metall – nicht in ein Plastikgefäß, weil Plastik von Nitroverdünnung angelöst wird. Tauchen Sie die Teile in die Verdünnung und wischen Sie sie mit einem Pinsel immer und immer wieder ab, so lange, bis Rost und Schmutz regelrecht ausgewaschen sind. Natürlich werden hier und da einige hartnäckige Rostnester bleiben, die müssen dann mechanisch mit Schleifpapier, Feile oder Messingbürste entfernt werden. Zuvor, wenn Sie das Eisen aus der Nitroverdünnung herausnehmen, waschen Sie es nochmals mit viel heißem Wasser ab und trocknen es am besten gleich mit einem Fön.

Alle Teile werden vor dem Zusammensetzen eingefettet oder geölt. Aber nehmen Sie entweder Fett oder Öl – nicht beides. Und bleiben Sie auch in beiden Fällen bei ein und derselben Sorte. Die unterschiedlichen Säuregrade könnten sich eventuell nicht vertragen. Richtig steifes Staufferfett ist gerade an den beweglichen Teilen vorzuziehen, weil es im Gegensatz zu dünnem Öl an Ort und Stelle bleibt. Alle Teile sollen so gründlich eingefettet oder geölt werden, daß sie vollständig von einem dünnen Fett- oder Ölfilm überzogen sind. Im Tauchbad gereinigte Schlösser werden satt mit Öl ausgesprüht.

Erst jetzt wird das Schloß wieder zusammengebaut. Dazu orientieren Sie sich an der vorher gemachten Skizze oder an dem Polaroidfoto. Alle beweglichen Teile wie Drehzapfen und Schließfedern werden nochmals gefettet. Dann müssen auch die neuen Nietbolzen eingesetzt und festgeschlagen werden. Wenn es sich nicht anders machen läßt, können Sie sich auch bei einem verdeckt eingebauten Schloß mit Maschinenschrauben behelfen. War das Schloß vorher bemalt, dann wird zunächst Rostschutzfarbe aufgetragen und dann farbig lackiert.

Ein abgebrochener Schlüssel oder ein neuer Schlüssel

Ein abgebrochener oder fehlender Schlüssel ist heute leicht und unproblematisch zu ersetzen. Man bekommt heute Schlüssel jeder Stilrichtung und in den gängigsten Größen im Fachhandel. Schauen Sie doch einmal im Branchentelefonbuch unter »Schlösser und Beschläge« nach, dort werden Sie sicherlich jemanden finden, der offene Ohren für Ihr Problem hat. Das gleiche gilt auch für Stilmöbelschlösser.

Natürlich sollte man sich über eines klar sein: Ganz genau werden die neuen Ersatzteile nie mit dem Original übereinstimmen. So gilt es immer abzuwägen, was günstiger ist: Ein Einzelstück zu reparieren oder – damit der einheitliche Gesamteindruck gewahrt bleibt – alle Schlüssel bzw. Schlösser zu ersetzen.

Den neuen Schlüssel bekommen Sie immer als Rohling. Wenn Sie den abgebrochenen Bart noch haben, ist es keine Schwierigkeit, den Rohling in einem Schraubstock anhand dieser Vorlage entsprechend zu feilen.

Fehlt eine Vorlage, gehen Sie wie folgt vor: Der Schlüsselbart hat immer ein mehr oder weniger kompliziertes Frontprofil, das dem Schlüssellochprofil im Schloß entspricht. Für diese unterschiedlichen Profile (S-, trapez-, L- oder winkelförmig) gibt es vorgefertigte Rohlinge. Es gilt jetzt, das Seitenprofil einzufeilen. Dazu bemalen Sie den Bart dick mit weißer Kreidefarbe (z. B. Plaka). Dann lassen Sie die Farbe gut trocknen und führen den Schlüssel vorsichtig und ohne viel anzukratzen in das Schloß ein. Dann wird er in Schließrichtung gedreht. Jetzt schlagen Sie durch schnelles Hin- und Herdrehen den Bart immer wieder gegen die Paßprofile im Schloß. Dadurch wird die Farbschicht auf jeden Fall so beschädigt (eingedrückt, sie platzt leicht ab), daß Sie erkennen können, wo der Widerstand sitzt. Hier wird ein Schlitz eingefeilt. Das wiederholen Sie so lange, bis Sie das Schließprofil ertastet haben und sich der Schlüssel leicht und ohne Widerstand herumdrehen läßt.

Einfacher ist es, einen gebrochenen Schlüssel wieder zusammenzulöten. Hier muß mit der Flamme hartgelötet werden. Aber was früher wegen der großen und kostspieligen Geräte

nur dem Schmied oder Schlosser vorbehalten war, kann heute auch der Laie problemlos ausführen – wenn es sich um so eine kleine Reparatur wie in unserem Falle handelt.
Gasbrenner mit einer Kartusche gibt es schon für DM 20,–. Eine Anschaffung, die sich in jedem Falle lohnt, weil man damit auch noch viele andere kleine Reparaturen (bis zur Regenrinne) ausführen kann. Außerdem brauchen Sie Silberlot und ein Flußmittel.
Zunächst muß die Paßstelle vorbereitet werden. Dazu spannen Sie die Schlüsselhälfte mit der Reile (dem Griff) in einen Schraubstock, feilen die Bruchstelle gerade und plan und bohren sie senkrecht an. Der Durchmesser des Bohrers soll dem des Schlüsselschaftes entsprechen. Weil der Bohrer vorn kegelförmig angespitzt ist, wird jetzt im Schlüsselschaft eine kegelförmige Vertiefung entstanden sein. Das Gegenstück mit dem Bart bereiten Sie dann mit der Feile so vor, daß es sauber und gerade eingepaßt werden kann.
Jetzt wird gelötet. Der Schlüsselgriff sollte senkrecht im Schraubstock stehen, dann können Sie den abgebrochenen Teil daraufstellen, ohne daß er fixiert werden muß. Vorher werden beide Teile in das Flußmittel getaucht. Das Flußmittel reinigt das Werkstück und begünstigt das Fließen (Verteilen) des geschmolzenen Silberlotes.
Die Flamme sollte eine weißlich-blaue Farbe haben und spitz geformt sein. Sie soll das Werkstück an der Paßstelle vollständig umfließen. Nur so ist eine ausreichende und gleichmäßige Erwärmung gewährleistet. Immerhin muß hier mit einer Temperatur von 700–900 °C gearbeitet werden. Dann wird das Silberlot (eine Drahtstange) an die Bruchstelle gehalten. Es schmilzt sofort und zerfließt – durch das Flußmittel begünstigt – in die Flickstelle. Das Werkstück erkaltet sehr schnell. Sie können es aber erst säubern und feilen, wenn es vollständig erkaltet ist.
Wenn die Lötstelle gut gesäubert und übergangslos glatt gefeilt ist, kann sie mit Patina (gibt es im Bastelladen oder im Farbenhandel) auf alt »getrimmt« werden.

Schlüsselschilder, Schließbleche, Bänder und Beschläge

Alle diese Dinge sind meistens mehrfach vorhanden, und so ist immer ein Pendant als Vorlage für die Neuanfertigung oder Ersatzbeschaffung da.

Als Materialien sind Eisen, Messing oder Kupfer gebräuchlich, aber auch Bronze oder Zinn. Und natürlich sind sie in allen möglichen Techniken gearbeitet, geformt und verziert. Dazu kommt die Oberflächenveredelung wie Polieren, Bemalen, Emaillieren, Versilbern und Vergolden oder auch die Anwendung von Einlegetechniken.

Entsprechend den verwendeten Materialien muß zunächst einmal gereinigt werden. Bei vergoldeten oder versilberten Gegenständen stellt sich die Frage, ob die Oberflächenveredelung neu angelegt werden soll (siehe Kapitel »Vergolden«, (S. 148), oder ob man den Gegenstand in dem gereinigten Zustand lassen soll. Neuvergoldungen wirken mitunter zu frisch, entsprechende Patina zieht erst im Laufe der Jahre auf. Emaillierte Gegenstände kann man gut mit Kaltemaille (Plastikfarben) nacharbeiten, und kleine abgeplatzte Stücke lassen sich ausspachteln.

Fehlende Teile müssen ersetzt oder neu angefertigt werden. Hier gilt dasselbe wie bei den Schlüsseln: wird ein Teil durch ein Ersatzteil ersetzt, sollten immer alle gleichen Teile ausgetauscht werden. Auch hier gibt es wieder die gebräuchlichsten Stilrichtungen im Fachhandel.

Wenn man aber ein Pendant hat, kann man sich das Ersatzteil auch selbst anfertigen – die Vorlage ist ja vorhanden.

Die Anfertigung eines Schlüsselschildes nach einem vorhandenen Vorbild soll hier als Beispiel angeführt werden. Die verschiedenen Arbeitstechniken, mit denen man so etwas machen kann, lassen sich auch auf alle anderen Gegenstände übertragen. So können Sie mit denselben Techniken auch Schließbleche, Bänder und Beschläge anfertigen. Sie werden aus einem Blech gefertigt, oder man nimmt einen Abdruck und macht einen Abguß.

Herstellen eines Blechschildes
Ein einfaches Schlüsselschild ist ein glattes Stück Blech mit dem charakteristischen Schlüsselloch in der Mitte. Es kann eine ganz dem Geschmack des Herstellers entsprechende Form haben. Zunächst müssen Sie sich ein Stück Blech des verwendeten Materials in der entsprechenden Dicke und Farbe beschaffen. Das ist speziell bei Kupfer wichtig, weil es je nach Legierung Farbunterschiede geben kann. Nehmen Sie das Pendant beim Kauf mit.
Messing und Kupfer können Sie mit der Laubsäge schneiden (Metallsägeblatt), Eisen muß mit der Eisensäge grob zugeschnitten werden und wird dann gefeilt. Alle Kanten sollen sorgsam entgratet werden, und auch, wenn Sie mit der Laubsäge gearbeitet haben, empfiehlt es sich, Messing und Kupfer nochmals an den Kanten zu feilen. So erreichen Sie immer einen geraderen oder besser geschwungenen Verlauf.
Hat das Original eine Gravur, so muß auch das Ersatzteil entsprechend bearbeitet werden. Gravuren waren bei Eisenbeschlägen weniger üblich als bei Messing- und Kupferbeschlägen. Zunächst gilt es, die Umrisse auf den Rohling zu übertragen. Dazu eignet sich ein Filzschreiber. Die Gravur führen Sie am besten mit einem elektrischen Griffel, einem sogenannten Stichel aus, den es für wenig Geld im Bastelladen gibt. So ein Gerät ist einfach zu handhaben und wird wie ein Kugelschreiber geführt. Es gibt einen Standardstichel für weiche Metalle, einen Hartmetallstichel und einen Ballstichel zum Prägen und Hämmern.
Das fertige Stück wird nach dem Vorbild poliert oder mattiert. Zum Polieren gibt es verschiedene Metallpflegemittel, die nach den Packungshinweisen der Hersteller verarbeitet werden.
Mattiert wird mit feinem Naßschliffpapier (Körnung 400) oder Stahlwolle. Das gibt einen feinen seidenmatten Glanz, wie er gerade auf Messing sehr geschätzt wird.
Wie auch immer Sie die Oberfläche behandelt haben, zum Schluß soll sie mit Zaponlack versiegelt werden. Das bewahrt den Glanz und verhindert jede Oxidation.

Einen Abguß anfertigen

Diese Technik eignet sich für alle gegossenen oder kompliziert geformten Teile, speziell für die Appliquen der Boulletechnik im 18. Jahrhundert.

Natürlich können Sie als Laie solche Abgüsse nicht in Bronze, Silber oder Gold anfertigen – abgesehen vom Materialpreis der Edelmetalle kann man sich eine Bronzegießerei nicht so ganz nebenbei im heimischen Keller einrichten, so etwas ist eine ausgewachsene Industrieanlage.

Was dem Laien bleibt ist der Zinnguß. Dazu braucht man im Prinzip nur eine Kerzenflamme und einen alten Blechlöffel, und das Material gibt es in jedem Bastelladen. Besser ist aber, Sie schaffen sich ein komplettes Set mit Spiritusstövchen oder Gasbrenner, Gießlöffel und Zange an.

Für den Abdruck muß das Original mit Trennmittel eingestrichen werden, damit die Form sich später gut ablösen läßt. Trennmittel gibt es ebenfalls im Bastelgeschäft; Fett sollte niemals verwendet werden.

Sie können die Form vom Original abnehmen, ohne es abzubauen. Dazu muß es aber flach gelegt werden. Dann fertigen Sie sich einen Kastenrahmen (z. B. eine Zigarrenkiste ohne Deckel und Boden, notfalls auch einen Pappstreifenrahmen) an und legen ihn so auf das Umfeld, daß das Original in der Mitte sitzt. Tragen Sie innen nochmals Trennmittel auf. Es klebt den Rahmen auf dem Untergrund fest, und so kann von dem Gips nichts zur Seite herauslaufen.

Der Gips wird geschmeidig angerührt, und die erste Schicht streichen Sie mit einem Pinsel auf. Dann gießen Sie nicht zu schnell bis zum Rand auf und lassen die Masse abbinden.

Dann lassen Sie den Gips über Nacht, besser 24 Stunden lang vollkommen durchtrocknen. Nur dann kann der Guß einwandfrei gelingen, weil keine Restfeuchtigkeit mehr vorhanden ist. Außerdem schrumpft der Gips beim Abbinden ganz geringfügig und läßt sich leicht abnehmen.

Die fertige Form wird wieder mit Trennmittel eingestrichen, dann verflüssigen Sie das Zinn über dem Brenner und gießen es so in die Form, daß es gleichmäßig vom Löffel fließt.

Der handwarme Guß kann dann schon herausgenommen

werden und wird erst einmal von allen Rückständen gereinigt. Aber arbeiten Sie behutsam, das Material ist relativ weich. Dann muß die Rückseite plan und eben geschliffen werden. Die Grobarbeit kann man mit einer Feile machen, dann legen Sie das Stück auf ein Naßschliffpapier (240er oder auch 180er Körnung reicht aus – man sieht's ja nicht) und schleifen es so lange flach, bis es dem Original entspricht.

Zum Schluß wird retuschiert. Entsprechend dem Original streichen Sie den Abguß mit einer Emaillefarbe und reiben nach dem Trocknen der Farbe noch ein wenig Patina auf. Wer es nicht weiß, wird gar nicht auf die Idee kommen, daß hier etwas ausgetauscht wurde. Natürlich kann man Abgüsse auch mit kalthärtenden Kunstharzen (z.B. Epoxy) machen. Lesen Sie dazu das Kapitel »Bilderrahmen«. (S. 118)

Aus häßlich mach schön: Abbeizen, lackieren, polieren, mattieren, neubeizen

Wenn ein Möbel lange genug verborgen und ungeschützt auf dem Speicher gestanden hat, sind Staub und Dreck auf der Oberfläche nicht mehr durch Pusten oder mit einem Staubwedel zu entfernen. Da muß man sich schon mehr einfallen lassen. Staub und Dreck haben sich nämlich im Laufe der Jahre zu einer pastösen, festen Schicht verdichtet, die tief in die Poren des Untergrundes eingedrungen ist. Die Oberfläche ist matt, dunkel und ohne jeden Glanz.

Wischen wäre jetzt das Verkehrteste, was wir tun können. Weil die pastöse Dreckschicht dadurch nur tiefer in den Untergrund gedrückt wird, durch den Lack in das Holz. Denn der Lack ist nach so langer Zeit ohne Pflege natürlich auch nicht mehr frisch, und die feinen Staubkörnchen haben keine Mühe, ihn zu durchdringen. Mehr noch: sie wirken wie Mahlsand und zersetzen bzw. durchschleifen ihn.

Es muß vorsichtig zu Werke gegangen werden. Entfernen Sie zunächst alle größeren Teile von Hand oder mit einer Pinzette. Dann wird gepustet. Aber stellen Sie das Möbel dazu an die frische Luft, auf die Terrasse oder den Balkon. Und um die Lunge zu schonen, nehmen Sie lieber einen Fön und blasen mit Kaltluft alle lockeren Staubschichten weg. Den Rest machen Sie mit einem Staubpinsel und ebenfalls mit Fönunterstützung .

Wunder dürfen Sie nach dieser Behandlung trotz aller Mühe nicht erwarten: Der Lack bleibt stumpf und dunkel. Er muß restlos entfernt werden, und nur neuer Lack und eine neue Politur geben dem Holz wieder Glanz und Feuer.

Alte Farbe entfernen: abziehen und abbeizen

Zwei grundsätzliche Wege gibt es, einen alten Anstrich zu entfernen: mechanisch durch Abziehen, Schleifen und Schaben

oder chemisch mit verschiedenen Abbeizmitteln. Mit beiden Methoden können Sie ausgezeichnete Ergebnisse erzielen, trotzdem haben sich unterschiedliche Anwendungsschwerpunkte herausgestellt.
Wenn es um eine glatte, ebene Fläche geht, kann man sehr gut und rasch mit mechanischen Mitteln arbeiten. Das können Sie von Hand mit einer Ziehklinge oder mit Schleifpapier und Schleifklotz machen oder maschinell mit einem Schwing- oder Bandschleifer.
Schnitzereien, gewölbte Flächen, Rundungen oder Vertiefungen befreit man besser mit einem chemischen Abbeizer vom alten Lack, weil sie die Farbschicht anlösen und die Farbe dann vom Holz genommen werden kann.
Für beide Zwecke gut geeignet sind die neuartigen Heißluftgeräte, wie sie seit etwa zwei Jahren auch für Heimwerker recht preiswert angeboten werden. Die Farbschicht wird erwärmt und kann einfach mit einem Spachtel abgeschoben werden. Gegenüber der früher üblichen Methode, die Farbe mit einer Lötflamme abzubrennen, ist dabei der Vorteil, daß die heiße Luft das Holz nicht anbrennen kann. Natürlich sind die Heißluftgeräte nicht für feine Schnitzereien geeignet, weil man die Farbe nicht vollständig herauskratzen kann. Und auch bei Intarsien- oder Marketeriearbeiten sollte man vorsichtig sein, weil die heiße Luft den alten Knochenleim erwärmt und damit wieder flüssig macht. Die Einzelteile würden sich vom Untergrund lösen.
Mit der Ziehklinge läßt sich sauber und gut sowie auch rasch arbeiten. Es gibt sie in zwei Ausführungen: Als dünnes Stahlblech in rechteckiger oder oval-spitzer (fast wie eine Malerpalette) Form. Die Kanten sind zu einem feinen, scharfen Grat geschliffen, der unter leichtem Druck flach über die Fläche geführt wird. Dann gibt es noch auswechselbare Ziehklingen mit einem handgriffartigen Halter. Sie sind besser für unsere Zwecke geeignet, weil das mühselige Schärfen entfällt. Ist die Klinge stumpf, wird sie einfach gegen eine neue ausgetauscht. Feiner als mit jedem Hobel kann man mit der Ziehklinge Span für Span von der Oberfläche abziehen. Und Sie sehen das Ergebnis sofort. So kontrolliert läßt sich mit keinem ande-

ren Gerät und auch nicht mit den chemischen Abbeizern arbeiten. Sie können nur die alte Lackschicht oder auch noch ein wenig von der Holzoberfläche (auch wenn sie furniert ist) abnehmen. Natürlich geht das alles ohne Schleifstaub. Die richtige Methode, um eine alte Schreibtischplatte aufzuarbeiten.
Es soll aber immer in Maserrichtung gezogen werden. Fassen Sie die Klinge mit beiden Händen und ziehen sie mit Druck auf sich zu. Wenn Sie die Holzoberfläche mit einem nassen Lappen leicht anfeuchten, arbeitet die Klinge noch besser.

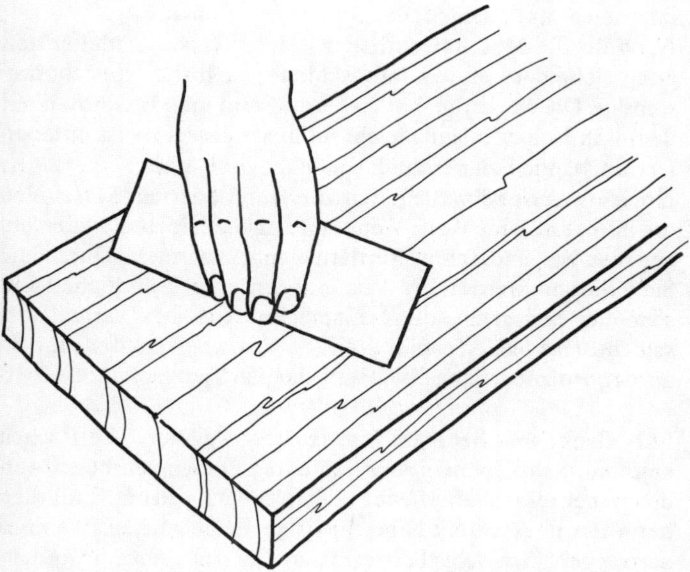

Die Abziehklinge wird mit der flachen Hand in Maserrichtung über das Holz gezogen.

Mit Schleifpapier und Schleifklotz kann man ebenfalls glatte Flächen von alten Farbresten entfernen. Dabei soll aber das Schleifpapier gut und stramm um den Schleifklotz herumge-

schlagen sein. Arbeiten Sie wieder in Maserungsrichtung. Die einzige Ausnahme: bei verknotet gewachsenen Furnier- oder Holzoberflächen wird in kreisenden Bewegungen geschliffen.
Der Nachteil bei der Arbeit mit Schleifpapier ist der Schleifstaub. Sie sollten immer wieder mit einem Lappen oder einer weichen Bürste nachwischen und nie zu lange auf einer Stelle (schon gar nicht mit starkem Druck) arbeiten. Zu leicht kann es passieren, daß ein dünnes Furnier ganz durchgeschliffen wird und das schlichte Blindholz darunter sichtbar wird. Und es kann auch zu leicht dellenförmigen Vertiefungen kommen, weil ja der Schleifklotz nur eine geringe Auflage hat. Wenn man damit auch noch kreisende Bewegungen ausführt, kann man leicht auf einer Stelle zu viel wegnehmen.
Auch für die Maschinenarbeit mit dem Schwingschleifer und noch viel mehr mit dem Bandschleifer ist größte Vorsicht notwendig. Die Maschine hat viel Kraft, und man ist speziell mit dem Bandschleifer ganz leicht »durch«. Das aber ist unter allen Umständen zu vermeiden.
Noch etwas ist beim Schleifen von Hand oder mit Maschinen unbedingt zu bedenken: Wenn der Lack an einigen Stellen abgeplatzt ist, sind schon Vertiefungen entstanden. Durch die Schleifarbeit werden die Vertiefungen aber gründlicher und schneller bearbeitet, als die noch intakte aber harte Lackschicht. Das Schleifpapier greift an den weichen Stellen, d.h. an der Holzoberfläche, von der der Lack abgeplatzt ist, besser.
Fürs Grobe und bei massivem Holz und glatten Oberflächen kann mit Schleifpapier oder Schleifmaschinen gearbeitet werden, einer feinen Oberfläche sollten Sie damit zum Entfernen der alten Lackschicht lieber nicht zu Leibe rücken. Wenn es darum geht, eine abgebeizte Fläche für den Lackauftrag vorzubereiten, muß angeschliffen werden. Dann aber handelt es sich um einen Feinschliff, durch den die Holzfasern geglättet werden.
Gut für große und glatte Flächen geeignet sind Heißluftgeräte. Sie arbeiten wie ein Fön mit einer Temperatur von etwa 600 °C, ohne die Holzoberfläche zu verbrennen. Infolge der Hitzeeinwirkung weicht die Farbschicht blasenförmig auf

Schlicht und antik paßt gut zusammen: einfaches Regal, Bild und Stühle setzen Akzente.

Eine sehr edle Intarsienarbeit, an der höchstens die Beschläge ergänzt werden sollten.

Eiche geschnitzt – hier sollten Sie nur nach dem Holzwurm jagen.

Neu aufgepolstert mit ganz individuellem Muster: Das können Sie auch!

Breit, wuchtig, schön: Barockschrank, unbemalt. Aber: Die fehlenden gequetschten Kugelfüße sollten ergänzt werden.

Ton in Ton mit dem Vorhang: hübsch aufgearbeitetes Erbstück.

Sehr elegant und stilvoll, da bewußt nur auf wenige Gegenstände beschränkt: fast ein Salon.

Sehr schlicht gehaltener Hamburger Schapp: echt hanseatisches Understatement.

und kann mit einem normalen Malerspachtel abgeschoben werden. Ein einfaches und schnelles Verfahren. Vergleicht man das Heißluftgerät kostenmäßig mit einem normalen Abbeizmittel, dann sind bei mehreren Farbschichten die Stromkosten günstiger als der Preis für die entsprechende Menge Abbeizer.

Abbeizer eignen sich sowohl für ebene Flächen als auch für Schnitzereien. Sie weichen die alte Lackschicht vollständig an, so daß sie nicht mehr haftet und dann mit einem Spachtel abgeschoben werden kann.

Bevor der Abbeizer aufgetragen wird, müssen aber alle Beschläge aus Metall entfernt werden, und auch sichtbare Nägel sollten Sie lieber herausziehen. Denn die Chemie im Abbeizer greift speziell Gegenstände aus Eisen an und führt zu ungewollten Verfärbungen im umgebenden Holz.

Aufgetragen wird der Abbeizer mit einem alten Flachpinsel. Speziell in Winkeln, Ecken und Schnitzereien können Sie ruhig voll und satt auftragen, weil die Farbschicht dicker ist. Allerdings soll der Raum, in dem Sie arbeiten, gut belüftet sein (Fenster auf!), weil die meisten Abbeizer gesundheitsschädliche Dämpfe entwickeln. Beachten Sie unbedingt die Hinweise des Herstellers auf der Packung! Ein Dachboden ist völlig ungeeignet, weil sich die Dämpfe unter dem Dachfirst sammeln und es sogar zur Selbstentzündung kommen kann. Wer sicher gehen will, arbeitet von vornherein auf Balkon oder Terrasse.

Nach entsprechender Einwirkzeit beginnt die Lackschicht Blasen zu werfen oder sie kräuselt sich. Jetzt ist der richtige Zeitpunkt, die gelöste Farbschicht mit einem Spachtel abzuschieben. Aber schmeißen Sie Farbreste nicht einfach in den Abfluß oder in den Müll. Füllen Sie die alten Farbreste in einen säurefesten Plastikeimer oder in ein Blechgefäß und bringen Sie alles zusammen unserer geplagten Umwelt zuliebe bitte zum Sondermüll.

Alle Lackschichten und auch die Farbe in den Winkeln, Vertiefungen und auf Schnitzereien werden sich schwer mit nur einem Auftrag entfernen lassen. Die Prozedur muß so lange wiederholt werden, bis das blanke Holz zu sehen ist. Abge-

schabt wird nicht mehr mit einem Spachtel, ein spitzes Messer, ein hartes, flaches Stück Holz und ein harter Pinsel sind die geeigneteren Geräte.
Jedesmal muß der Abbeizer restlos entfernt werden. Nichts darf in den Holzporen hängenbleiben. Am besten reinigen Sie mit Spiritus oder mit einer Holzseifenlösung. Beides wird reichlich mit Lappen oder Schwamm aufgetragen. Bevor es ans Feinschleifen und den neuen Lackauftrag geht, soll das gute Stück mindestens 24 Stunden durchtrocknen.
Völlig neuartige Abbeizer, die gefahrlos zu verwenden sind und sogar bis zu 12 Farbschichten auf einmal ablösen, sind in den vergangenen Jahren auf den Markt gekommen. Sie wären einfach ideal, wenn – ja, wenn sie nicht so teuer wären. Sie sollten deshalb gezielt dort eingesetzt werden, wo mechanische und herkömmliche chemische Abbeizer versagen, nicht eingesetzt oder nur zum Teil eingesetzt werden können. Ideal sind sie für Schnitzereien, Ecken, Winkel und Reliefs.
Die Anwendung ist einfach, und Sie brauchen während der Einwirkzeit noch nicht einmal dabei zu sein. Es handelt sich um ein Pulver, das nach Angaben des Herstellers mit einer bestimmten Menge Wasser zu einer geleeartigen Masse angerührt wird. Die Masse wird mit einem Spachtel etwa fingerdick aufgetragen und in alle Ecken, Winkel und Hinterschneidungen gedrückt. Darauf legt man ein Spezialtuch aus Glasfasergewebe (es wird meistens mitgeliefert), um die Feuchtigkeit zu halten. Je nach Anzahl der vorhandenen Lackschichten muß die Masse jetzt bis zu vier oder auch sechs Stunden einwirken. Wenn sich die Geleemasse leicht bräunlich zu verfärben beginnt, kann abgehoben werden: die Lackschichten sind vollständig aufgelöst und in den Abbeizer eingezogen.
Das ganze wird wie eine Haut abgehoben und darunter kommt das blanke, saubere Holz zum Vorschein. Eine ausgezeichnete, aber leider auch kostspielige Sache. Die sich bei einer entsprechenden Antiquität aber auf jeden Fall lohnt. Zumal das Mittel wieder verwandt werden kann. Beim Neuanmischen muß die gleiche Menge frisches Pulver untergemengt werden.

Profilierte Rahmen oder Schnitzereien lassen sich mit der Gelee-Tuch-Methode leicht reinigen.

Neu lackieren – Vorbereitung

Wie gesagt: neuer Lack kann erst aufgetragen werden, wenn der alte Anstrich restlos entfernt wurde. Das haben wir ja bereits mit der Ziehklinge, mit Schleifpapier oder mit einem Abbeizer getan. Trotzdem kann jetzt noch nicht der Pinsel geschwungen werden.

Es fehlt der Feinschliff, um die Fläche für den Anstrich vorzubereiten. Beim Abschleifen wurde Schleifpapier der Körnung 120 verwendet, jetzt arbeiten wir uns zu immer feinerer Körnung durch. Über 120, 180, 240 und 320 geht's bis zur Körnung 400. Wer immer noch nicht zufrieden ist, kann sich steigern und die Körnung 600 wählen – feiner geht's dann aber nicht.

Nach jedem Schleifvorgang wird gewässert. Tragen Sie mit einem Schwamm oder einem nassen Tuch Wasser auf die Oberfläche auf. Dadurch quellen die Fasern auf und bleiben nach dem Trocknen stehen. Die rauhe Haut wird mit der nächstfeineren Körnung wieder geglättet.

Geschliffen wird immer in Maserungsrichtung und nur mit leichtem Druck. Dabei soll das Schleifpapier sehr fest um einen möglichst großen Schleifklotz gewickelt sein. Nach dem letzten Schleifvorgang kann das Wässern entfallen. Säubern

Sie die Fläche mit einer Bürste und einem weichen Tuch vom Schleifstaub. Das Schleifpapier sollte übrigens eher zu früh als zu spät gewechselt werden. Zuviel Schleifstaub setzt das Papier zu, und die Arbeit wird ungleich.

Wer will, kann allerletzte Staubreste noch mit Nitroverdünnung auswischen. Sie nimmt den Staub ebenso wie Wasser aus den Poren, dringt aber nicht in das Holz ein und bringt es nicht zum Quellen.

Jetzt kann der Lack aufgetragen werden. Wir wollen bei unserem Beispiel von einer normalen Schreibtischplatte ausgehen. Lackiert werden kann mit Spraylack aus der Dose. Dieser Lack ist auf Nitrobasis hergestellt und zeichnet sich durch eine kurze Trockenzeit aus. Deshalb muß aber rasch gearbeitet werden. Für eine Schreibtischplatte rechnet man etwa mit 3 großen Dosen.

Gesprüht wird nicht aufs Geratewohl, sondern genau nach Plan. Und nicht zuviel auf einmal. Sprühen Sie Strich für Strich nebeneinander über die ganze Länge und dann quer – ebenfalls Strich für Strich nebeneinander. Der Abstand der Sprühdose zum Untergrund sollte etwa 30 cm betragen. Nicht mehr, weil der Sprühnebel sonst tropfenförmig wird, und nicht dichter, denn zuviel Gasdruck im Strahl treibt den frischen Lack auf dem Untergrund auseinander.

Arbeiten Sie gleichmäßig und möglichst ohne abzusetzen. Wenn die Dose leer wird (Sie merken es am geringen Gewicht), nehmen Sie eine neue. Sowie der Sprühnebel sich verändert und Tropfen auftreten, müssen Sie aufhören und die Dose wechseln.

Natürlich muß der Raum, in dem lackiert wird, staubfrei und auch staubdicht sein. Es darf also erst gelüftet werden, wenn der Lack an der Oberfläche durchgehärtet ist.

Wer Klarlack auf Kunstharzbasis vorzieht, muß mehr Geduld aufbringen, weil dieser Lack eine längere Offenzeit hat. Dieser Lack wird auch Strich für Strich längs und quer aufgetragen, mit einem Pinsel oder mit einer Schwammrolle.

Gleichmäßig und nicht zu dick auftragen! Wer glaubt, er könnte es besonders gut machen, wenn er recht viel Lack aufträgt, der irrt sich gewaltig. Erstens wird der Lack an den

Kanten herunterlaufen, und zweitens entstehen beim Durchtrocknen einer dicken Lackschicht sehr unterschiedliche Spannungen, da die Oberfläche schneller trocknet als die Schicht darunter.
Ein Kunstharzlack ist mitunter – je nach Witterungsbedingungen und Temperaturen – erst nach zwei Tagen durchgetrocknet. Und so lange sollten Sie auch warten, bevor Sie den zweiten Anstrich auftragen.
Und noch etwas: Ziehen Sie den Lack immer um die Kanten herum. Denn gerade die Kanten müssen gut gestrichen sein, damit die Lackschicht beim Trocknen nicht reißt.

Mattieren

Wenn der neue Lack vollkommen durchgetrocknet ist, kann mattiert werden. Eine matte Oberfläche sieht eleganter aus als eine hochglänzende Lackschicht. Egal, ob Sie mit Sprühlack oder mit Kunstharzlack gearbeitet haben, sollten Sie den neuen Lack zur Sicherheit zwei, besser drei Tage lang durchtrocknen lassen. Dann wird mit feiner Stahlwolle der Stärke 000 in Maserrichtung geschliffen. Schleifstaub und Stahlwollefusseln müssen immer wieder abgewischt werden, der Fortgang der Arbeit muß kontrolliert werden. Drücken Sie auf keinen Fall zu fest an, vermeiden Sie kreisende Bewegungen und wischen Sie nicht zu oft auf einer Stelle.

Polieren

Polieren hat nichts mit einer besonders hochglänzenden Oberfläche zu tun, es ist eine besondere Form der Oberflächenbehandlung. Es geht zunächst einmal darum, die Poren zu füllen und dann eine glatte Oberfläche herzustellen. Natürlich muß die Oberfläche sauber und fein durchgeschliffen sein. Man sagt nicht ohne Grund: gut geschliffen ist halb poliert.
Porenfüller gibt es für die verschiedensten Holzarten. Lassen Sie sich beraten und suchen Sie den für Ihre Zwecke richtigen Porenfüller aus. Nur bei sehr feinporigen Hölzern wie z. B. Kirsche oder Birnbaum kann das Porenfüllen entfallen. Der Porenfüller wird mit Verdünnung zu einem dünnflüssigen

Brei (Herstellerhinweise beachten) angerührt und dann mit einem groben, nicht fusselnden Tuch zunächst quer zur Maserung eingerieben. Das »treibt« ihn richtig ins Holz. Nach dem Antrocknen wird mit einem sauberen Leinentuch erst quer und dann längs zur Maserung sorgfältig nachgerieben. Nehmen Sie immer wieder eine saubere Seite, damit Sie alle überflüssigen Reste heraussaugen können. Solche »Nester« dürfen nicht stehenbleiben, weil sie später graue Schleier bilden. Die gründlich eingeriebene Fläche muß 12 Stunden trocknen.

Danach wird Polier- oder Schwabbellack aufgetragen. Aber nicht in reiner Form, sondern mit 10% Verdünnung angemischt. Dazu brauchen Sie einen feinen Flachpinsel mit ganz dünnen Haaren. Daraus kann der Lack gleichmäßig und schnell ohne Lufteinschlüsse auf die Malfläche fließen. Eventuelle Luftblasen werden sofort mit dem Pinsel ausgezogen. Arbeiten Sie Streifen für Streifen nebeneinander in Maserrichtung. Aber nicht gegeneinander, also abwechselnd von links nach rechts streichen, sondern immer wieder neu an der Ausgangsseite ansetzen und in einer Richtung streichen. Es sollen drei bis vier Schichten aufgetragen werden, Trockenzeit zwischen den einzelnen Anstrichen etwa drei bis vier Stunden.

Nach einer Durchtrocknungszeit von mindestens zwei Tagen werden letzte Unebenheiten mit Schleifflüssigkeit oder Bimsmehl (beides bekommen Sie im Fachhandel) glatt und eben geschliffen. Das machen Sie wieder mit einem Leinenlappen in leicht kreisenden Bewegungen ohne zuviel Druck. Eher könnte man sagen, die Schleifflüssigkeit wird verrieben. Dabei wird die Lackgrundierung leicht mattiert. Nach einer Trockenzeit von mindestens drei Stunden kann der obenaufliegende graue Schleifstaub mit einem sauberen Tuch abgewischt werden.

In gleicher Weise, mit einem zu einem Ballen zusammengedrückten Leinentuch, wird Verteilerpolitur eingearbeitet. Die Verteilerpolitur schließt noch offenstehende Poren und Schleifkratzer. Zur Kontrolle schauen Sie schräg auf die Fläche und setzen das Licht so, daß Sie immer gut kontrollieren können.

Zum Schluß wird – ebenfalls mit dem Ballen – die Deckpolitur aufgetragen. Sie ist stark verdünnt (etwa 1 : 3) und wird in kleinen, kreisenden Bewegungen aufgetragen. Wenn der Ballen nach drei bis vier Aufträgen leicht an der Oberfläche kleben bleibt, muß über Nacht eine Trockenpause eingelegt werden. Wie lange und wie oft Sie jetzt noch deckpolieren, ist eine Frage des persönlichen Geschmacks und des gewünschten Effektes. Beginnt der Ballen immer rascher zu kleben, spritzen Sie einen Tropfen Polieröl darauf, und er gleitet wieder leicht über die Oberfläche.

In engen, weiten und kreisenden Schwüngen wird poliert.

Endgültig auspoliert wird mit einem Wollballen, den Sie in feines Leinen hüllen. Auspolieren bedeutet, die Politur endgültig zu härten und letzte Ölreste zu entfernen. Das macht man mit Abziehpolitur und – paradoxerweise – mit Polieröl. Beides wird in weiten Zügen rasch über die Oberfläche verteilt, dann tunken Sie den Wollballen in ein wenig Verdünnung und reiben so lange kreis- und schwungförmig über die Fläche, bis sie trocken ist. Dann reiben Sie solange mit einem sauberen Seidenlappen nach, bis die Fläche sauber und glänzend ist.

Polieren ist zugegebenermaßen eine sehr arbeitsaufwendige

und komplizierte Arbeit, aber sie verleiht einem alten Möbel ein unvergleichliches Aussehen.

Beizen

Beizen ist eine recht einfache Art der Oberflächenbehandlung, und es gibt fertig angemischte Beizen in den unterschiedlichsten Tönungen für jede Holzart. Allerdings sollten wir uns bei einem alten Holz, das vollständig ausgelagert und durch und durch nachgedunkelt ist, überlegen, ob wir den mitunter geschätzten Holzton durch eine Beize verfremden.

Die Oberfläche muß durch Schleifen aufs feinste vorbereitet sein. Dann wird die Beize aufgetragen. Aber nicht einfach aufs Holz, vorher muß gewässert werden. Nur so ist garantiert, daß die Beize überall gleich gut eindringt und es keine »Farbnester« gibt.

Über eines müssen wir uns klar sein: Die Beize dringt immer in das Holz ein, sie bleibt nicht auf der Oberfläche »liegen«, wie z. B. ein Lack oder eine Farbe. Das ist wichtig, denn der Originalholzton verschwindet dabei im wahrsten Sinne des Wortes porentief. Aber Beize hebt auch die Maserung eines Holzes hervor und gibt schlicht aussehenden Hölzern Ausdruck.

Aufgetragen wird Beize mit einem Schwamm oder mit einem Pinsel in sattem Strich. Was zuviel ist, bleibt auf der Oberfläche stehen und wird nach kurzer Trockenzeit ebenfalls mit Lappen oder Schwamm weggewischt. Aber schützen Sie Ihre Hände mit Gummihandschuhen, und decken Sie auch den Fußboden mit Zeitungspapier ab, falls etwas danebengeht, denn Beize ist sehr farbintensiv und dünnflüssig.

Uhren
Die Uhr tickt nicht mehr – was kann man selber reparieren?

»Wie spät ist es?« Diese Frage hören wir mehrmals täglich, und wir stellen sie uns mindestens ebensooft. Und in der heutigen Zeit ist auch die Beantwortung dieser Frage kein Problem. Ein Blick zum Handgelenk und wir sind umfassend informiert über Sekunde, Minute, Stunde, Wochentag und Monat. Die Uhr ist heute ein Gebrauchsgegenstand, der in niedrigsten Preisklassen dank der modernen Quarztechnik präzise und wartungsfrei arbeitet.

Früher war das anders. Die ersten Uhren mit mechanischem Laufwerk sind seit etwa 1300 n. Chr. bekannt. Dabei handelte es sich um stationäre, gewaltige Werke, die meistens in Kirchtürmen oder in anderen öffentlichen Gebäuden untergebracht waren. Die Allgemeinheit lebte wie seit Urzeiten mehr nach dem Lauf der Gestirne und dem Wechsel von Tag und Nacht: »Wir treffen uns beim nächsten Neumond«, oder »Wenn die Sonne im Zenit steht, machen wir Pause«. »Es war gestern nacht«, oder »Übermorgen bei Tagesanbruch brechen wir auf«.

Wand- und Standuhren im Inneren von Gebäuden, also in Wohnräumen, hat es erst seit dem 15. Jahrhundert gegeben. All diese Uhren waren noch sehr ungenau und hatten keine kontinuierliche Ganggeschwindigkeit. Es handelte sich um sogenannte Räderuhren, die durch Gewichte oder durch das Trägheitsmoment eines Waagbalkens (des Foliot) betrieben wurden.

Der entscheidende Durchbruch war die Erfindung des langen Pendels durch Christiaan Huygens im Jahre 1657. Zusammen mit der Unruhfeder stand jetzt ein gleichmäßig arbeitender Gangregler zur Verfügung.

Durch die Entwicklung immer neuer Formen der Hemmung, die das Räderwerk mit dem Pendel oder der Unruh verbanden, wurde die Mechanik im 18. und 19. Jahrhundert immer mehr verbessert und vervollkommnet. Immerhin muß man sich einmal vor Augen führen, welche unterschiedlichen Kräfte bei einer mechanischen Uhr zu exaktem Gleichlauf gebändigt werden müssen: Voll aufgezogen hat die Feder eine ungeheure Spannung, und bis zum Erschlaffen muß sie über die Mechanik für gleichmäßigen Antrieb sorgen.

Wie erkennt man das Alter einer Uhr?

Ganz einfach: auf einen Blick. Der technische Fortschritt brachte es mit sich, daß die Zeitmesser in der Anzeige immer genauer wurden. Das dokumentiert sich in der Zahl der Zeiger und am Zifferblatt.

Erst zu Beginn des 18. Jahrhunderts war es üblich, Uhren allgemein mit einem Stunden- und Minutenzeiger auszustatten. In der Zeit davor wurden nur die Stunden durch einen Zeiger angezeigt. Natürlich gab es schon im 17. Jahrhundert einzelne, für ihre Zeit äußerst fortschrittliche Uhren mit Minutenzeiger, das waren aber seltene Spitzenerzeugnisse genialer Meister, die heute nur noch in Museen, keinesfalls aber auf dem Antiquitätenmarkt anzutreffen sind.

Die Zifferblätter sind ebenfalls ein Hinweis. Ist nur ein innerer Ziffernkreis mit den römischen Ziffern I–XII und einer dazwischenliegenden Halbstundenanzeige durch ein Symbol vorhanden, kann man sicher sein, daß es sich um ein älteres Stück handelt – auch wenn ein Minutenzeiger vorhanden ist. Denn der Glaube an die Moderne ist so alt wie die Menschheit, und deshalb wurden viele Uhren nach Einführung der Minutenanzeige umgerüstet. Ist das Zifferblatt in einen inneren und einen äußeren Kreis unterteilt, so handelt es sich um eine Uhr aus späterer Zeit (beginnendes 18. Jahrhundert).

Dies alles gilt natürlich nur, wenn die Uhr noch in ihrem Originalzustand belassen wurde. Denn auch hier gibt es windige Händler, die z. B. gern ein Zifferblatt mit einfacher Stundeneinteilung in eine Uhr mit Minutenzeiger einsetzen, um ein älteres Stück vorzutäuschen. Wenn die Zeiger ganz und gar fehlen, wird die Sache schwierig. Lassen Sie das Zifferblatt entfernen und kontrollieren Sie die Trägerwelle oder -wellen.

Der Transport

Wenn Sie eine Großuhr – also eine Wand- oder Standuhr – erworben haben, muß sie natürlich transportiert werden. Dazu müssen einige Vorkehrungen getroffen werden, damit keine ernsthaften Schäden entstehen.

Auf keinen Fall darf die Uhr während des Transportes in Betrieb sein. Durch die auftretenden Schwankungen und Stöße könnten ernsthafte Schäden entstehen.

Man hält das Uhrwerk an, indem man das Pendel festhält. Dann bleibt die Uhr sofort stehen. Genauso bringt man sie übrigens wieder in Gang: einfach das Pendel in Schwung setzen, und sie beginnt gleichmäßg zu ticken. Wenn sie heil ist. Aber darüber später.

Zunächst müssen Sie an das Pendel herankommen. Die meisten Großuhren haben eine Tür, die ein mehr oder weniger verstecktes Schloß oder einen Haken hat. Den gilt es zu finden, dann kann die Uhr angehalten werden. Das Pendel darf nicht ausgehakt werden. Die Fronttür kann einteilig oder auch zweiteilig sein, d.h. es gibt eine Tür für das Zifferblatt und eine Tür für das Pendel bzw. Pendel mit Gewichten.

Weil das Pendel meistens zwischen Zeigerwelle und unterem Rand des Zifferblattes eingehängt ist, kommt man nur heran, wenn man das Zifferblatt entfernt. Dazu müssen erst einmal die Zeiger abgenommen werden. Die Zeiger sind so auf die Welle gesteckt, daß sie sich reibungslos drehen können. Aber hier kann sich schon eine Fehlerquelle eingeschlichen haben. Ist einer der Zeiger verbogen, so bleibt die Uhr stehen. Sie müssen also bei der Montage immer auf ausreichendes Spiel achten – auch unter der schützenden Glasscheibe oder der Tür. Auf der Welle sind die Zeiger mit einer Krone, einem Stift oder einem gebogenen Silberdraht gesichert.

Die Sicherung muß vorsichtig entfernt werden. Die Krone läßt sich in der Regel nach vorn abziehen, bei älteren Modellen aber nur nach oben. Probieren Sie, welches der richtige Weg ist, und wenden Sie niemals Gewalt an.

Der Stift wird mit einer Zange zur Seite herausgezogen. Er läuft zu einer Seite spitz zu, und es muß natürlich an dem dikken Ende gezogen werden. Dazu drücken Sie die Welle mit

der Fingerspitze leicht an oder halten sie – wenn möglich – ebenfalls mit einer kleinen Flachzange fest. So verhindern Sie, daß die Welle beim Entfernen des Stiftes zu sehr in eine Richtung gezogen wird.
Der Silberdraht muß vorsichtig zur Seite gebogen und dann mit einer Zange herausgezogen werden. Bei aller Vorsicht wird er in vielen Fällen brechen. Schmeißen Sie ihn nicht weg, sondern besorgen Sie sich anhand des Musters einen Draht von exakt derselben Stärke.
Die Zeiger können ohne weitere Probleme nach vorn abgezogen werden. Dazu greifen Sie sie an der Mittelnabe und ziehen sie gerade heraus. Aber wenden Sie niemals Gewalt an, und beginnen Sie auf keinen Fall zu hebeln.
Auch das Zifferblatt wird nach vorn abgezogen. Es ist üblicherweise mit Stutzen auf das Gehwerk gesteckt. Die Stutzen sind mit Schrauben oder – wie die Zeiger – mit Stiften gesichert. Nach Lösen der Schrauben bzw. Entfernen der Stifte nehmen Sie das Zifferblatt ab. Zeiger, Krone, Stifte und Schrauben sowie das Zifferblatt sollten sorgfältig und bruchsicher verpackt werden. Am besten schlagen Sie alle Teile in Haushaltspapier ein und legen sie in einen festen Karton.

Ausheben des Pendels
Das Pendel hängt mit einem T-Stück in einer Gabel, die das Pendel mit den Hemmungslappen des Gehwerks verbindet. Heben Sie das Pendel an und ziehen Sie es nach unten heraus, wenn es von der Gabel freigekommen ist. Das kann von Fabrikat zu Fabrikat anders gehandhabt werden. Genau beurteilen kann man das erst, wenn man nach Entfernen des Zifferblattes die Aufhängung einsehen kann.
Bei manchen Uhren kann es passieren, daß die Gabel sehr stark zu schlagen anfängt, wenn das Pendel herausgenommen wurde. Es fehlt einfach das Gewicht. Deshalb ist es besser, die Gabel mit einem kräftigen Zwirnsfaden oder einem dünnen Kupferdraht ruhigzustellen und dann das Pendel herauszunehmen. Speziell bei Uhren mit Federantrieb kann es durch plötzliches Entspannen der Feder zu Schäden im Räderwerk kommen.

Wenn das Pendel allerdings direkt mit der Achse verbunden ist, an der die Hemmungslappen oder Spindellappen angebracht sind, nehmen Sie es lieber nicht heraus. In diesem Fall ist es besser, das Pendel durch Lappen, Watte und zusammengeknülltes Zeitungspapier oder auch Styropor so ruhigzustellen, daß es sich nicht bewegen kann.

Transport und Aufstellen

Bei Standuhren kann man damit rechnen, daß das Gehwerk nicht verschraubt oder irgendwie befestigt ist, sondern einfach auf einer schlittenähnlichen Trägerkonstruktion liegt und durch sein Eigengewicht sowie durch eventuell vorhandene Antriebsgewichte gehalten wird. In diesem Fall sollte das Werk herausgenommen und gesondert transportiert werden – ringsherum stoßsicher verpackt.

Bei Wanduhren steht das Werk oft auf einem Schlitten, der gleichzeitig zu dem direkt an die Rückwand geschraubten Gong gehört. Es ist mit zwei Rändelschrauben gesichert und kann nach Lösen dieser Schrauben einfach nach vorn abgezogen werden. Das Pendel soll so verpackt werden, daß sich der Stab – besonders wenn es ein Metallstab ist – nicht verbiegt.

Die Gehäuse werden für den Transport so vorbereitet wie ein Möbel. Die Türen sollen fest verschlossen und mit einem Klebeband gesichert sein. Schließlich handelt es sich ja um Glastüren. Wenn möglich, nehmen Sie locker eingesetztes Glas von vornherein aus dem Rahmen und transportieren Sie es gesondert.

Beim Aufstellen bzw. Anhängen einer Großuhr kann man gleich von Anfang an durch Unwissenheit oder Nachlässigkeit dafür sorgen, daß sich das Werk nach mehr oder weniger langer Zeit selbst zerstört.

Eine Uhr mit Pendel- und/oder Gewichttrieb kann nur störungsfrei und mechanisch sauber laufen, wenn sie exakt waagerecht ausgerichtet ist. Schwere Bodenstanduhren sollen immer auf einem absolut waagerechten Untergrund stehen (legen Sie lieber eine Platte auf den alten Dielenboden und richten Sie die Platte aus) und mit dem Oberteil zusätzlich an der Wand verschraubt sein.

Wanduhren werden meist an einen Träger gehängt und dann ausgerichtet. Den Abstand zur Wand reguliert man mit kleinen Stellschrauben, die unten links offen oder auch versteckt angebracht sind.
Weil die Holzgehäuse im Laufe der Jahre oft nicht mehr richtig im Winkel sind, hat es keinen Zweck, das Gehäuse auszurichten. Der Schlitten, der das Gehwerk trägt, sollte alleiniger Anhalt sein.

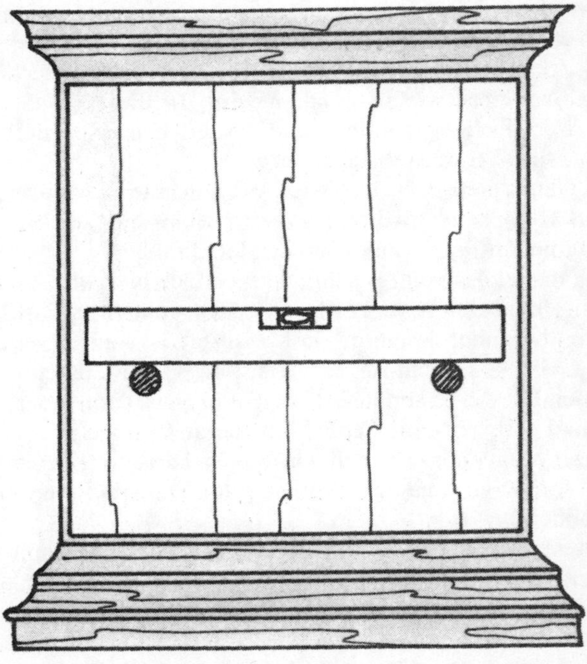

Der Trägerschlitten des Uhrwerks wird mit Hilfe einer Wasserwaage ausgerichtet, nicht das Uhrengehäuse.

Legen Sie auf die Träger eine Wasserwaage, und legen Sie bei einer Bodenstanduhr so lange Keile unter den Standfuß, bis die Waage ausgeglichen ist. Wie gesagt, es ist besser, Sie stellen in diesem Falle die ganze Uhr auf eine Grundplatte und richten die Grundplatte aus. Das Gehäuse könnte sich durch einseitiges Unterfüttern mit Ausgleichskeilen wieder verziehen.

Dann wird das Niveau zur Wand ausgerichtet. Distanzstücke sorgen dafür, daß sich auch hier beim Anschrauben nichts verzieht oder verschiebt.

Nur wenn die Uhr exakt ausgerichtet ist, kann das Pendel im richtigen Winkel schwingen, und das Räderwerk wird nicht einseitig belastet. Beides, sauberer, waagerechter Stand und schwingungsfreie, sichere Befestigung beeinflussen Genauigkeit und mechanische Zuverlässigkeit von Stand- und Wanduhren außerordentlich.

Schäden am Gehäuse

Die Gehäuse sind in der Regel aus Holz – mal schlicht, mal reich verziert mit Schnitzwerk und Intarsien. Die Schäden sind immer die gleichen wie bei Möbeln.

Weil der Korpus auch Klangkörper für das Schlagwerk ist, sollten Sie ihn auf Risse hin untersuchen. Die Risse leimen Sie mit einem Leinenstreifen – wie bei einer gerissenen Schrankseite.

Wie man diese und andere Schäden behebt, lesen Sie in dem Kapitel »Oberflächen ausbessern und restaurieren«.

Noch etwas kann man bei Standuhren immer wieder entdekken: Oft wurden sie von ihren Vorbesitzern »verstümmelt«. Als die Wohnräume immer niedriger wurden, paßten viele Möbel einfach in der Höhe nicht mehr. Heute haben wir eine durchschnittliche Raumhöhe von 240 cm – früher waren es gut und gerne 350 cm und mehr. Wer eine solche Kürzung an seinem Gehäuse entdeckt, kann – wenn er die entsprechende Raumhöhe hat – das Fehlende wieder ergänzen. Das setzt natürlich ein gutes Einfühlungsvermögen in den entsprechenden Möbelstil voraus, und man sollte bei einem wertvollen Stück doch lieber einen erfahrenen Restaurator zu Rate ziehen.

Zerbrochene Scheiben sind leicht zu ersetzen. Man muß sich nur darüber im klaren sein, daß fein geschliffene oder gravierte Gläser nur noch für viel Geld beim Kunstglaser zu bekommen sind. Entweder Sie lassen sich eine Scheibe nach einem noch heilen Pendant anfertigen, oder sie ersetzen alle Scheiben durch normales Fensterglas. Einheitlich schlicht ist immer noch besser als irgendwie geflickt.

Auseinandernehmen und Reinigen
Gleich vorweg gesagt: Wer sich nicht hundertprozentig seiner Sache sicher ist, der sollte lieber die Finger davon lassen. Wenn sich eine Feder plötzlich entspannt, wird das Gehwerk Schaden nehmen, und auch die Finger können in Mitleidenschaft gezogen werden.

Eine allgemeingültige Gebrauchsanweisung kann nicht gegeben werden. Uhren sind Spitzenerzeugnisse der Feinmechanik und können sich im Detail je nach Fabrikat oder Meister sehr stark unterscheiden. Im Zweifelsfalle wenden Sie sich lieber an einen erfahrenen Uhrmacher, denn wenn erst einmal ein Zahnrad gebrochen ist, wird es schwierig, passenden Ersatz zu bekommen.

Das Gehwerk haben wir bereits für den Transport herausgenommen, Zeiger und Zifferblatt sowie Pendel sind ebenfalls entfernt. Was wir jetzt vor uns sehen, müssen wir uns genauestens skizzieren. Eine Polaroidkamera ist auch von großem Nutzen, trotzdem kommen Sie um eine Funktionsskizze nicht herum.

Was wir an Räderwerk, Achsen, Wellen und Trieben sehen, befindet sich zwischen zwei Platten: eine vorn und eine hinten. Diese Platten nennt man Platinen. Bevor es an die Arbeit geht, kontrollieren Sie, ob die Feder wirklich entspannt ist. Auch wenn das Werk vollständig abgelaufen ist, d.h., daß sich die Zeiger nicht mehr bewegten, kann eine Restspannung vorhanden sein, die das Werk zerstören könnte.

Das Federgehäuse dreht sich um eine Achse, die in den Platinen gelagert ist. Irgendwo gibt es eine Sperrklinke, die durch eine Feder angedrückt und immer auf Spannung gehalten wird. Diese Sperrklinke dürfen Sie nur zur Seite drücken, wenn der Vierkant auf der Aufzugswelle der Antriebsfeder durch den Aufziehschlüssel oder einen Schraubenschlüssel gesichert ist. Eine Zange reicht nicht aus. Drücken Sie die Sperrklinke beiseite, und halten Sie den Schlüssel beim langsamen Zurückdrehen gut fest. Auf keinen Fall darf er Ihnen aus der Hand gleiten.

Gelingt das nicht, geben Sie lieber auf, und gehen Sie zum Uhrmacher. Das ist immer noch besser, als jetzt einen großen Schaden zu riskieren.

Alle Verschraubungen an der vorderen Platine werden gelöst. Die Achsen der einzelnen Zahnräder und Triebe können zusätzlich durch Stifte gesichert sein. Alle Stifte müssen herausgezogen werden. Peinlichste Ordnung ist vonnöten. Machen Sie sich eine genaue Skizze, und legen Sie auf diese Skizze die abgeschraubten Muttern und die gezogenen Stifte. So arbeiten Sie sich Blatt für Blatt und Etage für Etage durch das Werk – das ist der sicherste Weg, um später alles wieder in der richtigen Reihenfolge zusammensetzen zu können.

Alle Teile müssen gründlich gereinigt werden. Der Dreck ist hartnäckig – es handelt sich um eine pastöse, mitunter schon vollständig verhärtete Mischung aus Staub und eingedicktem Öl und Fett.

Beides zusammen kann die Lebensdauer eines mechanischen Laufwerkes erheblich verkürzen. Der im eingedickten Öl enthaltene Staub wirkt wie Schleifpaste oder Schmirgelpapier und zerstört auf lange Sicht die Zahnräder, Achslager und alle anderen beweglichen Teile. Die Mechanik bekommt immer mehr Spiel und dreht entweder durch oder verkantet und sitzt fest. Deshalb soll eine Reinigung in Abständen von etwa zwei bis drei Jahren durchgeführt werden. Unsere zentralbeheizten Räume sorgen mit ihren gleichmäßigen und höheren Durchschnittstemperaturen (auch im Winterhalbjahr ist es im Gegensatz zur »guten alten Zeit« gleichmäßig mollig warm) und den durch ständige Konvektion erzeugten Luftströmungen für ein viel schnelleres Verschmutzen und Eindicken der Schmieröle und -fette im mechanischen Räderwerk.

Man entfernt den Schmutz durch geduldiges, wiederholtes Abbürsten mit Benzol oder reinem Paraffin. Beide Mittel lösen Öl und Fett auf und entfernen leichte Rostschichten. Eine alte Zahnbürste kann gute Dienste leisten.

In hartnäckigen Fällen ist es notwendig, die Teile für kurze Zeit in ein Reinigungsbad zu legen. Aber achten Sie darauf, daß das Reinigungsbad nicht das Metall angreift, sondern nur den Belag anlöst. Gute Ergebnisse lassen sich durch ein Bad mit Salmiakgeist und Spülmittel erzielen, es gibt aber auch spezielle Mittel. Achten Sie auf die Packungshinweise der Hersteller. Bei all diesen Arbeiten sollten Haushaltshandschuhe getragen werden.

Die gereinigten Teile werden mit reichlich heißem Wasser gründlich abgespült und sollen dann auf einem Tuch trocknen. Scheuen Sie sich nicht, einen Fön zu Hilfe zu nehmen, er pustet in Sekundenschnelle aus den verstecktesten Winkeln jeden Wassertropfen.

Messingteile sollten grundsätzlich mit einer Politur nachbehandelt werden, damit eine spätere Korrosion vermieden wird. Und fassen Sie die Teile nicht mit den bloßen Fingern an. Das Hautfett der Fingerabdrücke kann eine ätzende Wirkung in Verbindung mit der Politur auf dem blanken Metall haben. Besorgen Sie sich im Fotohandel ein Paar Cutterhandschuhe.

Auch die Platinen und Rahmen müssen gesäubert werden – mit denselben Mitteln. Allerdings ist es ein wenig problematisch, in die Zapfenlager hineinzukommen. Am besten eignet sich z. B. ein Zahnstocher. Damit tropfen Sie zunächst reichlich Benzol oder Paraffin in das Loch und lassen es ein wenig einwirken. Dann rühren Sie mit leichtem Druck mit der Zahnstocherspitze herum und streifen die gelösten Rückstände immer wieder in einem Tuch ab. Immer wieder soll Reinigungsmittel nachgefüllt werden, und auch die Zahnstocher müssen oft gewechselt werden.

Ölen und Zusammenbauen

Die Teile werden in der umgekehrten Reihenfolge nach den angefertigten Skizzen Schritt für Schritt eingefügt und zusammengebaut. Überall muß geölt werden. Das machen wir wieder mit einem Zahnstocher. Mit ihm läßt sich auf einfache und gezielte Weise Öl in die Zapfenlöcher, auf Achsen und Zahnräder tropfen.

Ersatzteile oder neues Werk?

Ist irgendwo nur ein Zahn aus einem Treibrad gebrochen, sind die Lager so ausgeschlagen, daß die Mechanik nicht mehr ineinandergreifen kann, dann wird es äußerst schwierig. An entsprechende Ersatzteile heranzukommen ist problematisch und für den Laien oft unmöglich. Von Federn wollen wir hier gar nicht reden – sie auszutauschen sollte ohnehin nur dem Fachmann vorbehalten bleiben.

Aber wer das passende Teil nicht bekommen kann, braucht nicht zu verzweifeln. Er muß nur den Mut zu einem unkonventionellen Schritt haben. Vielleicht fällt der Entschluß schwer, wenn Sie sich einmal umschauen und in Wand- bzw. Standuhren hineinschauen, die heute angeboten werden. Sie sehen von außen vollkommen echt aus, teilweise handelt es sich sogar um Originalgehäuse sowie -zifferblätter und -zeiger.

Man kann im Fachhandel sehr gut nachgearbeitete Zifferblätter, Zeiger, Pendel, Gewichte usw. bekommen, die nach alten Vorbildern gefertigt sind. Warum sollte man so etwas nicht einbauen? Es ist immer die Frage, welchen Wert unser gutes Stück hat. Aber die Frage sollte am Anfang einer Reparatur oder Restaurierung stehen: Echte Museumsstücke gehören von vornherein in die Hand des Restaurators.

So gesehen können wir auch die Frage der inneren Ersatzteile angehen. Ebenfalls im Fachhandel oder über den Versand gibt es fertige mechanische oder auch elektrische und quarzbetriebene Uhrwerke, die selbstverständlich mit Schlagwerken gekoppelt sind. Man sieht sie hinter dem Zifferblatt oder dem Gehäuse ohnehin nicht – genausowenig wie die Originalgehwerke. Also Hand aufs Herz: was fasziniert uns denn an einer alten Uhr? In erster Linie doch ihr Aussehen, und das bleibt erhalten. Der Gongschlag ist ebenfalls originaltreu, und mit einem modernen Innenleben ist die äußere Nostalgie nicht gestört.

Zifferblatt und Zeiger reinigen und restaurieren

Zifferblätter und Zeiger sind ein dankbares Feld für den Hobbyrestaurator. Hier gibt es keine Mechanik, die voreilige oder leicht ungeschickte Hände zerstören könnten. Hier geht es ums Reinigen und Ergänzen.

Zifferblätter können aus verschiedenen Materialien sein. Meistens sind sie aus einfachem Messing, das versilbert oder vergoldet wurde. Oder Email auf Kupfer oder schlichtes bemaltes Eisenblech. Auch Zinn ist durchaus üblich.

Wenn immer möglich, sollte nur gereinigt und ergänzt werden. Auf einem Zifferblatt muß man natürlich die Ziffern erkennen können. Machen Sie zunächst von dem ungereinigten Zifferblatt wieder ein Polaroidfoto oder fertigen Sie eine Farbskizze in Originalgröße an.

Bei versilberten oder vergoldeten Zifferblättern kann die Edelmetallschicht durch ganze Generationen von scheuerbesessenen Hausmädchen oder Hausfrauen hauchdünn oder gar nicht mehr vorhanden sein. Dann lassen Sie die Oberfläche so, wie sie ist. Neuvergolden oder -versilbern kann leicht zu protzig wirken. Beschränken Sie sich auf Nachmalen der Ziffern und der übrigen noch erkennbaren Einteilungen und Verzierungen.

Emailzifferblätter sind oft nur in der Grundfarbe emailliert und dann bemalt. Bei einer Reinigung kann es sein, daß sich die Zierfarben lösen. Um so wichtiger ist hier ein Foto oder eine Farbskizze in den Originaltönen. Reinigen Sie besser mit leichten, chemischen Mitteln, die nicht wasserhaltig sind.

Nachgemalt wird mit Kaltemailfarben, wie sie heute für den Modellbau und für Bastelarbeiten zu haben sind. Es gibt die Farben in den ausgefallensten Tönen und natürlich auch in metallic. Dazu gehören in erster Linie gute, feine Pinsel und Verdünner. Die Farben sollen vor Gebrauch immer vollständig aufgerührt sein, mit einem Zahnstocher oder mit einer Büroklammer, die Sie unten zu einer Art Flügel gebogen haben, der noch durch den Dosenhals paßt. Alle Pigmente, die sich in der Dose als fester Schlamm absetzen, müssen vollständig mit der Streichflüssigkeit vermischt werden. Da hilft nur rühren, rühren und rühren. Sie können kleine Bleikügelchen (ca. 5–7 Stück) in die Dose füllen, gut schließen und die Dose so lange schütteln, bis zu hören ist, daß die Kügelchen klar an das Dosenblech stoßen.

Der Pinsel sollte Rotmarderhaare haben, und die Farbe muß leicht und gleichmäßig aus ihm herausfließen. Schließen Sie die Dose sofort nach Gebrauch und stellen Sie sie auf den Kopf. So wird der Deckel luftdicht abgeschlossen. Und der Pinsel soll sofort nach Gebrauch und auch zwischendurch (wenn die Farbe gewechselt wird oder wenn's länger dauert) gereinigt werden. Dazu tauchen Sie ihn in Verdünnung, streifen ihn in einem Lappen ab und streichen ihn kräftig auf einem Stück nasser Seife. Die Seife wäscht mit reichlich zulaufendem Wasser alle Farbreste aus und gibt den Haaren wieder Geschmeidigkeit. Eine Reinigung in Verdünnung allein greift die Borsten an und macht sie hart.
Die Zeiger sind normalerweise aus gebläutem Stahl – d.h., es wurde eine Oxidschicht aufgetragen, die verhindert, daß das Metall korrodiert. Die Zeiger sind mitunter sehr zerbrechlich. Deshalb müssen sie mit Vorsicht und nur unter leichtem Druck auf einer geraden Unterlage gerichtet werden. Auf die Unterlage legen Sie zusätzlich noch ein Filztuch. Dann entfernen Sie eine eventuelle Rostschicht durch ganz leichtes Schmirgeln.
Als Oberflächenschutz tragen Sie jetzt am besten auch Emailfarbe auf, Stahlblau oder Eisen – ganz nach Wunsch. Eine beliebte Methode ist auch das Rußen: Halten Sie die Zeiger über eine Kerzenflamme, und verteilen Sie die Rußschicht mit einer Bürste gleichmäßig.

Bilderrahmen und Spiegelrahmen – repariert oder neu konstruiert

Beim Rahmen kommt es immer auf die Eckverbindung an. Sie ist die entscheidende und kritische Stelle. Und je schwerer der gerahmte Gegenstand ist, desto stabiler muß diese Eckverbindung ausgeführt sein. Das gilt besonders für große Bilder und natürlich auch für Spiegel.

Grundsätzlich wurde geleimt, was in den meisten Fällen völlig ausreicht und beim Restaurieren die Arbeit erleichtert: der Rahmen läßt sich – ist die Leimverbindung erst einmal gelokkert oder gerissen – leicht auseinandernehmen. Es gibt verschiedene Methoden, die Eckverbindung zu verstärken. Die einfachste Art ist das Durchnageln. Meistens sind zwei Nägel nebeneinander von außen durch die waagerechte in die senkrechte Rahmenleiste getrieben und von der anderen Schenkelseite ebenfalls. Oder die Rahmen waren in den Ecken von außen oder innen geschlitzt, und in diesen Schlitz leimte man ein schmales Holzbrettchen (eine Feder). Bei Spiegelrahmen und großen Bildern wurden häufig dreieckige Sperrholzbrettchen auf die Ecke geleimt und genagelt.

Modernere Rahmen sind fast durchweg mit Heftnagelklammern (Tackerklammern) verbunden. Das geht schnell und einfach. Einen Tacker verwenden wir auch, wenn wir einen alten Rahmen nachleimen oder einen Rahmen neu konstruieren wollen.

Die meisten Beschädigungen werden geringerer Art sein und die Holzoberfläche oder den Stuck betreffen. Diese beiden Rahmenarten müssen wir unterscheiden, weil Oberflächen und Material grundverschieden sind.

Rahmen mit Holzoberfläche können sehr verschieden sein und zeigen entweder Farbe und Struktur des Holzes (z. B. ausgesuchte Maserungen, meistens als Furnier oder Einlegearbeit), oder sie sind so angestrichen und lackiert, daß man einen völlig anderen (beabsichtigten) Materialeindruck hat. Stuckrahmen beeindrucken durch ihre ornamentale Vielfalt der Plastik. In beiden Fällen kann es nicht ausbleiben, daß hier etwas abbricht und dort etwas abblättert oder sich ablöst. Von Ecken und Scharten ganz zu schweigen.

Reinigen

Wir beginnen immer mit einer gründlichen Reinigung. Die wird uns zum einen die ganze Schönheit des ursprünglichen Rahmens erschließen und zum anderen gnadenlos jede bisher verborgen gebliebene Schadstelle offenlegen. Loser Staub wird mit einem mittelharten Quastpinsel entfernt. Sie benötigen einen kleinen, flachen Pinsel, damit Sie beim Stuckrahmen wirklich in alle Winkel und Ecken kommen, und einen größeren (Rasierpinsel) für große und glatte Flächen. Drükken Sie nicht zu fest auf, damit Sie den Staub nicht in die Poren drücken. Und pusten Sie ab und zu einmal kräftig. Holzrahmen wischen Sie abschließend mit einem in dünnem Seifenwasser angefeuchteten Tuch ab und gehen danach mit einem trockenen, fusselfreien Tuch darüber.
Auf keinen Fall dürfen Stuckrahmen mit Wasser abgewischt werden. Die Feuchtigkeit dringt in den Gips ein und löst die Oberfläche an. Was der Pinsel hier nicht entfernt hat, wischen Sie mit Brennspiritus ab.
Vergoldete Rahmen können feucht abgewischt werden. Starke Verschmutzungen beseitigt man dadurch, daß man dem Wasser einige Tropfen Ammoniak beimischt oder leicht verdünnten Salmiakgeist nimmt. Hier gilt ganz besonders: nicht zu stark reiben, die Goldschicht ist hauchdünn. Wie man eine durchgescheuerte Fläche nachvergoldet, lesen Sie in dem Kapitel »Vergolden« (S. 148).

Auseinandernehmen

Bevor wir darangehen, Ecken, Scharten, abgeplatzte und abgebrochene Stücke zu kitten, zu retuschieren und neu aufzusetzen, müssen wir uns um den Zusammenhalt der Rahmenteile kümmern. Wenn eine Leiste locker aus der Reihe tanzt, sollte sie erst einmal wieder befestigt werden.

Wenn es sich um einen Stuckrahmen handelt, machen wir von einer noch unbeschädigten und festen Eckverbindung (bei vier Ecken wird es sicherlich eine geben) einen Abdruck mit Silikonkautschuk. Davon können wir – wenn es sein muß – später alle vier Ecken neu gießen. Mit Silikonkautschuk machen wir auch Abdrücke von entsprechenden unbeschädigten Partien, mit deren Abgüssen wir abgebrochene Partien ersetzen können.

Der Rahmen muß sorgfältig auseinandergenommen werden. Erinnern wir uns: er kann genagelt, mit einer Feder oder einem Dreiecksbrettchen verbunden sein. Ist die Verbindung aufgeplatzt, werden wir im Spalt sehen, ob die Ecke genagelt wurde. Jetzt heißt es, in gedachter Linie des Nagels an den Seiten zu graben (auch hier wurde nicht mit Gips, Grundierung oder Lack gespart) und den Nagel vorsichtig herauszuziehen. Die eingeleimte Feder werden wir nicht herausziehen können, wenn nicht alle Eckverbindungen gelockert sind; beim Dreiecksplättchen entfernen wir die Nägel und spalten es dann vorsichtig mit einem Stemmeisen ab.

Bei all diesen Arbeiten soll der Rahmen auf einer ebenen, aber weich gepolsterten Fläche (z. B. einer Decke) liegen und mit Hilfsleisten fixiert sein. Die Hilfsleisten liegen an den Seiten bis kurz unter die Ecken an, sind ebenfalls gepolstert (durch einen zwischengelegten Tuchstreifen) und mit Nägeln auf der Unterlage befestigt.

Jetzt drehen wir den Rahmen auf den Rücken, richten ihn exakt aus und fixieren ihn wieder. Endgültig aufgetrennt wird von oben mit einer Feinsäge. Das Sägeblatt soll so dick sein wie die breiteste Fuge. So erreichen wir zwei Dinge: Weil die Teile paßgenau zueinander liegen, ergibt sich immer eine sauber geschnittene, winkelrichtige ebene Kontaktfläche. Der neue, gerade Schnitt auf der alten Fuge egalisiert eventuelle Holzverformungen, die zum Platzen der Verbindung geführt haben könnten. Der Rahmen wird zwar durch die Schnittbreite ringsum kleiner, aber immer nur um Millimeter.

Verleimen

Zusammengeleimt wird wie bei einer Neukonstruktion. Am besten eignen sich Spannbänder mit Kunststoffecken, ähnlich wie wir sie für Stühle und Tischuntergestelle verwenden. Es gibt sie zum Schnüren oder mit Gummizug, mit Spindeltrieb oder mit Rahmenstangen (nur geringe Spannweite). Von dem Drilltrick (aufzwirbeln mit einem Spannhölzchen – siehe ebenfalls Kapitel Sitzmöbel, S. 45) müssen wir hier abraten. Sehr wichtig: Schützen Sie den Rahmen durch zwischengelegte Stoff- oder Pappstreifen vor zuviel Druck. Es empfiehlt sich immer, die neu geleimte Eckverbindung durch ein aufgeleimtes Sperrholzdreieck zu unterstützen – auch wenn dies vorher nicht der Fall war. Mit dem Tacker heften wir das Sperrholzdreieck zusätzlich fest. Herausgequollener Leim auf der Frontseite muß sofort mit einem feuchten Tuch abgewischt werden.

Holzrahmen ausbessern

Der wieder neu verleimte Rahmen ist jetzt zwar wieder stabil und sauber ausgerichtet, Kratzer und Scharten müssen aber ebenfalls noch ausgebessert werden.

Bei einem Rahmen mit sichtbarer Holzoberfläche nehmen wir je nach Größe des Schadens einen Retuschierstift, Wachskittstangen oder Schellack. All dies gibt es in den unterschiedlichsten Holztönen. Besser, Sie nehmen den Rahmen beim Kauf mit, um den Farbton zu vergleichen. Das hängt natürlich immer von der Größe des Rahmens ab.

Gearbeitet wird bei Raumtemperatur, für das Wachs darf es nicht zu kalt sein. Drücken Sie das Wachs einfach in die Schadstelle ein – ganz so, als wenn Sie mit einem Ölstift malen, bis die Lücke gefüllt ist. Dann wird mit einem fusselfreien Tuch nachgerieben und leicht poliert.

Schellack eignet sich besser zum Auffüllen von größeren Löchern und Scharten in den Kanten. Er wird mit dem Lötkolben so lange erwärmt, bis er in die Schadstelle tropft. Nach dem Erkalten stoßen sie mit einem scharfen Stecheisen plan ab, was übersteht. Eventuelle Strukturen und Maserungen kann man dann mit Retuschierstiften herausarbeiten.

Stuckrahmen ausbessern

Das Wichtigste beim Restaurieren eines Stuckrahmens ist das Ausfugen der Ecken. Gips allein genügt nicht, er wird nie die notwendige Festigkeit erreichen und entwickelt auch nicht genügend Klebekraft, um im Untergrund zu haften. Deshalb mischt man dem Gips normalen Weißleim unter, der die Mischung homogener und fester macht.

Mit einer nicht zu dick angerührten Mischung verstreichen Sie jetzt sauber die Fugen in den Ecken und arbeiten dabei einige Kleinigkeiten nach. Kleine Löcher oder abgeplatzte Stücke von Linsen- bis Bohnengröße können so gut ausgebessert und modelliert werden.

Für größere Stücke brauchen wir einen Abguß vom Pendant. Den Abdruck aus Silikonkautschuk haben wir gemacht, bevor wir den Rahmen auseinandergenommen haben. So verfügen wir über eine Form, die uns sogar in die Lage versetzt, eine Ecke komplett auszuwechseln. Auswechseln ist das richtige Wort. Zunächst wird eine etwas dünnere Gipsmischung in die Silikonform gegossen. Sie sollte über Nacht aushärten, damit sie auch im Kern durchgetrocknet ist. Jetzt legen wir sie in eine Gehrungslade und schneiden die Ränder unseres Ersatzstückes gerade. Der Rahmen wird – wenn er nicht gerade Überbreite hat – auch in die Gehrungslade passen. Wir legen ihn dort hinein und sägen genau auf Ersatzstückbreite bis auf Holzkerntiefe.

Der Ausschnitt muß sauber und plan mit der Feile herausgearbeitet werden – so lange, bis das Ersatzteil in der Tiefe paßt. Der Rest ist einfach: mit Weißleim einleimen und später die Fugen auskitten.

Rahmen neu konstruieren

Es gibt Rahmenleisten – auch nach alten Vorbildern – in allen erdenklichen Formen und Dekoren. Und Sie können nach Ihrem Geschmack ein Profil wählen, das zum Stil Ihrer Einrichtung paßt.

Wichtig ist das richtige Ausmessen. Die meisten Leute begehen den Fehler, daß sie die Innenmaße des Rahmens mit den Maßen des Bildes gleichsetzen. Das ist nicht richtig. Das Bild sitzt im Rahmenfalz, und der muß der Größe des Bildes entsprechen. Berücksichtigen Sie das beim Zuschnitt. Und bedenken Sie: Einmal zu kurz geschnitten ist nicht mehr zu ändern.

Es ist besser, Sie lassen gleich beim Kauf auf Gehrung zuschneiden und sagen: Mein Bild so und so groß, bitte, schneiden Sie mir von dieser Leiste einen passenden Rahmen. Der Mehrpreis für den Zuschnitt zahlt sich immer aus: Er wird mit einer fachgerechten Säge gemacht, und für den Verschnitt kommen Sie nicht auf. Wenn Ihre Maße stimmen ...

Zusammengefügt wird der Rahmen genau wie der auseinandergenommene alte. Sie können auch unter fachkundiger Anleitung und Aufsicht in einer der vielen Do-it-yourself-Rahmenwerkstätten Ihren Rahmen mit Profiwerkzeug selber bauen.

Leinwand flicken – Pflege und Reinigung von Gemälden

Ein echter Riß in einem Gemälde kann nur direkte Gewalteinwirkung als Ursache haben – egal, ob beabsichtigt oder unbeabsichtigt. Dabei werden andere Partien mehr oder weniger stark in Mitleidenschaft gezogen worden sein.
Wenn Ihnen ein Kunstwerk in einem bedauernswerten Zustand zum Kauf angeboten wird, lehnen Sie lieber ab – es sei denn, es handelt sich tatsächlich um einen echten Rembrandt oder einen anderen berühmten Künstler.
Befindet sich das Gemälde bereits in Ihrem Besitz und entsteht der Schaden in Ihrem Haus, prüfen Sie zunächst, ob es sich um einen Versicherungsfall handeln könnte (wenn z. B. jemand unbeabsichtigt dagegenstößt und das Gemälde zu Boden stürzt).
Egal aber, ob Sie nun ein beschädigtes wertvolles Stück kaufen oder ob es zu Schaden kommt, wenn es Ihnen bereits gehört – versuchen Sie bitte nicht, es selber zu restaurieren. Ein Kunstwerk gehört immer in die Hände eines Restaurators, weil der Laie – auch wenn er noch so geschickt ist – einfach aus Unkenntnis viel zu großen Schaden anrichten kann.
Aber zwischen Rembrandt und dem röhrenden Hirsch gibt es noch sehr viele Gemälde, die von Kunsthistorikern wegen des fehlenden oder nicht so berühmten Namens nicht beachtet werden und die trotzdem von ihren Besitzern hochgeschätzt werden. Ein solches Stück läßt sich auch heute noch relativ leicht auf jedem Flohmarkt ergattern.

Typische Schäden
Gemalt wird gewöhnlich auf Leinwand oder Holz mit Ölfarben, in neuerer Zeit kann der Malgrund auch Pappe oder Preßpappe sein. So gilt es zunächst einmal, die Maluntergründe nach Spuren von Schädlingen zu untersuchen. Denn

pflanzliche oder tierische Schädlinge sind keine Kunstliebhaber. Dem Pilz oder Holzwurm ist es völlig egal, ob er sich an einem alten Waschlappen bzw. an einem gebrochenen Besenstiel labt oder ob er ein echtes Gemälde vernascht.
Die Spuren, die diese Schädlinge hinterlassen, sind aber überall gleich. Lesen Sie in dem Kapitel »Holzwurm« nach (S. 62), dort ist beschrieben, welche Spuren welcher Schädling hinterläßt und wie man ihm zu Leibe rückt. Natürlich dürfen Sie in diesem Fall nicht mit scharfen, ätzenden Mitteln arbeiten. Sie würden die Farbschicht angreifen und das Bild ruinieren.
Oberflächenschmutz ist die häufigste Schadensart. Risse und Craqueluren sind meistens Folgen eines zu hastig arbeitenden Künstlers – entstanden durch Farben mit unterschiedlichen Trockenzeiten oder wenn gefirnißt wurde, bevor der Untergrund völlig durchgetrocknet ist. Und wenn der Rahmen nicht mehr gut gespannt ist, können tatsächlich auch Brüche im Farbauftrag und in der Leinwand auftreten – Schäden, die schon wieder fast für die Hände des Restaurators sind.
Brüche können speziell an den Rändern des Keilrahmens auftreten, dort, wo die Leinwand herumgeschlagen wurde. Brüche und Risse lassen sich allerdings leicht durch Unterleimen eines entsprechenden Leinwandstreifens beheben – sie liegen außerhalb des Farbauftrages.

Die Leinwand abnehmen und auslegen

Zum Säubern muß ein Ölgemälde vom Spannrahmen genommen werden. Weil es bei dieser Prozedur vollflächig und glatt aufliegen sollte. Ließen wir es im Rahmen, könnten brüchige Stellen durch den leichtesten Druck platzen, und lockere Farbschichten würden sich lösen. Deshalb muß zunächst für eine glatte und ebene Unterlage gesorgt werden. Ein fusselfreier Stoff (z. B. Leinen) eignet sich sehr gut, am besten ist aber ein Moltontuch, das man kleinen Babys gewöhnlich unter das Bettlaken legt. Es ist vollständig fusselfrei und hat aufgrund seiner Dicke und des filzartigen Charakters noch eine leichte Pufferwirkung.
Zunächst aber gilt es, die Leinwand vom Rahmen zu nehmen. Dazu legen Sie das Gemälde mit der Farbseite auf das Tuch.

Vorsichtig müssen jetzt die Nägel gezogen werden, mit denen die Leinwand am Rahmen fixiert ist. Beginnen Sie immer von der Mitte der Rahmenhölzer aus und lassen Sie zu den Ecken hin noch links und rechts etwa einen oder zwei Nägel stehen. So bleiben die Rahmenhölzer fest fixiert. Würden Sie an einer Ecke beginnen, könnten sich die Hölzer während der Arbeit zu leicht gegeneinander verschieben und die eventuell schon brüchige Leinwand endgültig aufreißen. Das ist besonders dann der Fall, wenn die Spannkeile locker sitzen oder vollständig herausgefallen sind. Die Nägel lassen sich gut mit einem alten Schraubendreher oder besser mit einer Nagelzange entfernen. Wenn Sie hebeln müssen, legen Sie immer eine Pappe unter, damit die Leinwand nicht beschädigt wird.

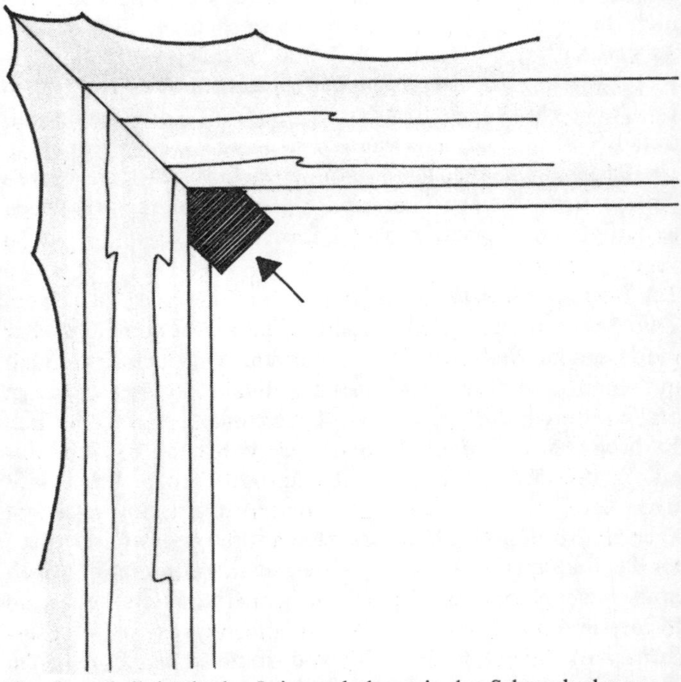

Der Spannkeil drückt den Leinwandrahmen in den Schmuckrahmen.

Sind alle Nägel gezogen, nehmen Sie die Rahmenhölzer vorsichtig ab. Auch hier gilt es, behutsam zu Werke zu gehen. Entweder Sie schieben unter die ganze Länge einen schmalen Pappstreifen und heben dann unter Andrücken des Streifens das Rahmenholz ab, oder Sie beginnen an einer Ecke und drücken die Leinwand leicht mit der flachen Hand an, während Sie mit der anderen Hand das Holz abheben.
Loser Schmutz muß abgebürstet oder durch Pusten entfernt werden, dann gilt es, die Leinwand umzudrehen. Dazu legen Sie eine Pappe entsprechender Größe auf die Leinwand und drehen das Ganze mit dem darunterliegenden Moltontuch um. Dann wird das Moltontuch daneben und die Leinwand mit der darunterliegenden Pappe darauf gelegt. Jetzt braucht die Pappe nur noch vorsichtig herausgezogen werden, und die Leinwand liegt seitenrichtig auf dem Moltontuch.

Reinigen

Es kommt auf das Alter des Gemäldes an. Ist es mehr als 50 Jahre alt, nimmt man Testbenzin oder Terpentinersatz. Es ist schwer, bei unsignierten Werken oder bei unbekannten Meistern das genaue Entstehungsdatum festzustellen. Es gibt aber eine Faustregel: Wenn die Oberfläche ganz und gar verhärtet ist, kann man davon ausgehen, daß ein Ölgemälde gut 50 Jahre und älter ist.
Testbenzin oder Terpentinersatz ist im Gegensatz zu reinem Terpentin aus Petroleum destilliert und ein sicheres und sehr gutes Lösungsmittel zum Entfernen von Fett, Ölfarbe, Email und Lack. Aber bewahren Sie es sorgfältig und geschlossen auf, und denken Sie daran, daß die Lösung feuergefährlich ist. Es wird mit einem Wattebausch vorsichtig auf die verschmutzten Partien aufgetupft. Aber drücken Sie nicht mit dem Wattebausch zu stark auf, sondern tupfen Sie mit dem Wattebausch so, daß das Testbenzin auf die Farbschicht fällt.
Den ersten Versuch sollten Sie immer an einer unauffälligen Stelle machen, um zu prüfen, wie schnell sich die Farbe anlöst. Dann sollte nämlich sofort mit einem trockenen und fusselfreien Leinentuch (nicht mit Watte!) abgetupft werden. Ist dieser Test positiv verlaufen und hat sich nur die Schmutz-

schicht gelöst, kann mit der Gesamtreinigung begonnen werden.
Arbeiten Sie abschnittweise. Etwa eine halbe bis zu einer Stunde soll das Testbenzin einwirken, dann kann mit einer sauberen und trockenen Watte nachpoliert werden. Mit Watte können Sie deshalb arbeiten, weil die Lösungsstoffe schon verflogen sind und es nur darum geht, die gelösten Schmutzpartikel zu entfernen. Grundsätzlich gilt aber immer, daß nur mit leichtestem Druck gewischt werden darf.
Eine weitere Möglichkeit, Oberflächenschmutz zu entfernen, ist das Auftragen von Mikrokristallinwachs. Das ist eine Wachspolitur auf Paraffinbasis, die Oberflächenschmutz abnimmt und gleichzeitig einen dünnen Schutzfilm bildet. Für unseren Zweck gibt es unter der Bezeichnung Polywachs ein fertiges Mittel. Es darf nur hauchdünn mit einem Seidenlappen oder Wattestäbchen aufgetupft werden. Nach etwa einer Stunde wird ebenfalls mit sauberer Watte nachpoliert. Aber gehen Sie auch hier wieder behutsam und vorsichtig zu Werke, und achten Sie darauf, daß sich keine Farbblättchen lockern oder ablösen.

Erkennen Sie die Grenzen
Mit einer solchen Reinigung sollten Sie es gut sein lassen. Jeder noch verbleibende Schmutz sitzt im Firnis oder in der Farbe darunter. Natürlich kann der erfahrene Restaurator auch die Firnisschicht anlösen und abtragen. Aber das setzt eine genaue Kenntnis der Maltechnik und des Künstlers voraus. Denn man muß sicher wissen, welchen Firnis und welche Farben der Künstler verwendet hat.
Meistens löst das Lösungsmittel für den Firnis auch die darunterliegenden Ölfarben an und dann ist das ganze Werk ruiniert. Also lassen Sie es lieber ein wenig dunkler.

Direktes Sonnenlicht hilft
Ölfarben können im Laufe der Zeit nachdunkeln. Speziell, wenn ein Gemälde lange im Dunkeln aufbewahrt wurde, wirkt es allgemein düster. Wenn Sie nach der Reinigung der Meinung sind, es wäre noch mehr herauszuholen, hängen Sie

das Bild einfach so auf, daß es vom direkten Sonnenlicht bestrahlt wird. So bleichen die dunklen Partien von selber aus, und die Farben kommen besser zur Geltung. Natürlich heißt es hier, den richtigen Zeitpunkt abzupassen, damit das ganze Gemälde nicht zu hell wird. Wer nicht aufpaßt, erreicht schnell das Gegenteil.

Was man noch tun kann

Ist ein Bild auf Holz gemalt und hat sich darin der Holzwurm eingenistet, dürfen Sie nicht die üblichen Schädlingsbekämpfungsmittel verwenden, weil diese auch die Farbe anlösen. Bei manchen Mitteln kann es sogar zu völlig unvorhersehbaren chemischen Reaktionen und zur Zersetzung der Ölfarben kommen. Die sicherste Methode ist eine Räucherbehandlung, die aber besser der Fachmann vornehmen sollte.

Pilz- und Schimmelbefall behebt man dadurch, daß man das Gemälde zunächst in einem gut durchlüfteten, trockenen Raum aufhängt. Bildet sich der Schaden dadurch nicht zurück (Pilze und Schimmel leben ja hauptsächlich von Feuchtigkeit), kann man ein mit einem Fungizid getränktes Papier hinter den Rahmen stecken. Natürlich soll es nur für kurze Dauer einwirken und es muß auch aufmerksam beobachtet werden, ob die Farbschicht nicht angelöst wird.

Brüchige Stellen, Risse und Löcher werden durch Unterlegen von Leinwand verstärkt. Das gilt besonders für die Umschlagkanten, die den Spannrahmen umgreifen.

Wenn es irgendwie geht, vermeiden Sie beim Neuaufziehen, daß der Spannrahmen wieder in der Originalposition liegt. Besser ist es, von vornherein einen um etwa 1 cm kleineren Spannrahmen zu wählen, damit nicht dieselben Leinwandpartien wieder belastet werden. Und natürlich muß deutlich von den ursprünglichen Heftlöchern entfernt geheftet werden. Am besten umkleiden Sie den neuen Spannrahmen mit Leinwand, so können die Holzkanten der Originalleinwand nicht schaden.

Wird das Gemälde völlig mit Leinwand unterlegt, fixieren Sie es auf der neuen Leinwand mit Gelatine oder flüssigem Bienenwachs. Das Wachs kann in Form von Plättchen oder Flokken zwischengelegt werden und wird mit dem schwach angewärmten Bügeleisen unter leichtem Druck eingeschmolzen.

Wenn Sie das Gemälde wieder aufhängen, schützen Sie es von vornherein durch eine Glasplatte. Speziell über einer Wärmequelle (Heizung, Kamin, Ofen) empfiehlt sich eine Verglasung, weil immer Rauch und Staub aufsteigen. Natürlich soll direktes Sonnenlicht vermieden werden, und die relative Luftfeuchtigkeit sollte 45–60% betragen. Auch extreme Temperaturschwankungen, die über den normalen, allmählichen Temperaturwechsel der Jahreszeiten hinausgehen, sind zu vermeiden.

Porzellan und Keramik reinigen, kitten, ergänzen und nachmalen

Das fertig gebrannte irdene Material ist äußerst dauerhaft und verrottet nicht, auch wenn es jahrtausendelang in der Erde lag. Wir brauchen uns nur einmal in den Museen umzuschauen, um festzustellen, wie unverwüstlich und mit welcher Leuchtkraft die Glasuren erhalten bleiben. Von der Form kann man das leider nicht sagen: nur leichte Gewalt oder ein Sturz aus geringer Höhe reichen aus, um in Sekundenbruchteilen zu zerstören, was begabte Hände liebevoll geformt und dekoriert haben.
Auch der tägliche Gebrauch hinterläßt unweigerlich seine Spuren, und so müssen wir leider damit rechnen, daß Teller und Tassen, Vasen oder Figuren und alle anderen Gegenstände aus Keramik oder Porzellan, die auf einem Flohmarkt angeboten werden, irgendwo eine Macke haben.
Natürlich wird niemand wagen, einen Gegenstand anzubieten, der in die sprichwörtlichen tausend Scherben zersprungen ist. Aber angestoßene Ränder, abgebrochene Henkel, Kratzer oder Risse in der Glasur, Flecken und blankgescheuerte Stellen findet man oft. Ja, man zahlt auch noch freudig dafür und ist glücklich, endlich das Passende – wenn auch mit kleinen Fehlern – gefunden zu haben.
Wie man diese kleinen Fehler beseitigt, lesen Sie hier. Und wenn Ihnen doch einmal die Tasse aus der Hand fällt oder der Krug zu Bruch geht, dann lesen Sie hier auch, wie man kittet und klebt.

Nur nicht in den Abwasch

Egal ob zersprungen, angestoßen oder nicht – der Gegenstand muß in jedem Fall erst einmal gereinigt werden. Gereinigt und nicht abgewaschen in der Spüle, das ist wichtig. Denn normales Leitungswasser, vermischt mit reichlich Spül-

mittel ist so ungefähr das Schlimmste, was wir unserer Antiquität antun können, bevor wir sie nicht genauestens untersucht und geprüft haben.
Heißes Wasser aus dem Boiler kann feines Porzellan zum Springen bringen, und viele Waschmittel mit ihren zum Teil undefinierbaren Inhaltsstoffen können – speziell bei Keramiken und Fayencen – die Glasur beschädigen. Außerdem enthält Leitungswasser viele Unreinheiten wie Kalksulfat, Kalziumbikarbonat und Magnesium sowie Chlor, deren Wirkung man nicht abschätzen kann.
Nehmen Sie also fürs erste Bad destilliertes Wasser, um jede Fehlerquelle von vornherein auszuschalten. Und noch etwas: Prüfen Sie sorgfältig, ob es nicht gebrannte, also nur aufgemalte Verzierungen sowie vergoldete Stellen gibt, die ein zu kräftiges Wischen nicht vertragen.
Ein lauwarm temperiertes Bad mit einer milden Seife oder einem milden Spülmittel in destilliertem Wasser ist genau richtig. Die Schüssel sollte aus Plastik sein, damit unser gutes Stück nirgendwo hart anstoßen kann. Dann wird mit einem weichen Lappen leicht abgewaschen. Zwischendurch prüfen Sie immer wieder die Farben: Sowie sich irgend etwas anlöst, sofort heraus mit dem Teller, ganz kurz in klares destilliertes Wasser zum Abspülen tauchen und alle Feuchtigkeit schnellstens mit einem sauberen, fusselfreien Tuch abtupfen. Verfärbt sich aber nichts und löst sich auch nichts ab, kann in aller Ruhe mit sanfter Hand abgewaschen werden. Abgestoßene Kanten, alte Bruchränder und auch hartnäckig sitzende, fast schon angewachsene Reste werden mit Hilfe eines kleinen, harten Pinsels oder einer sauberen, weichen Zahnbürste gereinigt.
Abschließend sollte reichlich mit klarem, destilliertem Wasser gespült werden. Dazu halten Sie den Gegenstand lieber über die Schüssel und gießen mit einer Kelle oder einem Becher von allen Seiten Wasser darüber – so lange, bis Sie glauben, alle Seifenreste abgespült zu haben. Jetzt wird mit einem fusselfreien Tuch gut abgetrocknet. Natürlich nur sanft und ohne festes Wischen oder starken Druck.

Kalt reinigen
Es gibt zwei Gründe für eine Kaltreinigung mit nichtaggressiven chemischen Mitteln:
Das Material ist porös, saugt also Wasser auf. So etwas ist bei mit schwachen Temperaturen gebrannten Tonwaren wie Irdenware, Fayencen und Terrakotta-Gegenständen oft der Fall.
Manche Flecken (Tee, Kaffee, fettige Soßen, Obst und Tinte) lassen sich einfach nicht mehr abwaschen.
Oder es handelt sich um Gegenstände, die mit Metall, Leder, Holz oder anderen Materialien eingefaßt sind, die infolge Feuchtigkeit oxidieren oder aufquellen können. Hier müssen beide Materialien immer für sich behandelt werden.
Poröse Gegenstände werden zunächst einmal gründlich mit einem Pinsel oder einer sauberen Zahnbürste abgestaubt. Dann taucht man den Pinsel in Ammonium-Acetat und bürstet nochmals vorsichtig ab. Ammonium-Acetat bekommt man in der Apotheke oder Drogerie. Es ist ein völlig ungiftiges Präparat und wird in Kristallform oder als 50%ige Lösung in Wasser gehandelt.
Porzellan ist wesentlich härter als Keramik. Das liegt zum einen an der Mischung der Rohmasse und zum anderen an den wesentlich höheren Brenntemperaturen. Es hat immer eine glatte, harte, ja fast glasartige Oberfläche. Viele Flecken (z. B. von Obst oder Tinte) lassen sich mit Kochsalz oder doppelkohlensaurem Natron entfernen. Das Salz wird leicht angefeuchtet (etwa so wie feuchter Seesand), aufgestrichen und soll dann etwa zwei Stunden lang einwirken. Danach wird es abgeschüttelt und mit einem Schwamm und destilliertem Wasser abgetupft.
Eine Reinigung mit chemischen Mitteln ist immer eine zweischneidige Sache, weil mitunter das Dekor in Mitleidenschaft gezogen werden kann und sich teilweise auch giftige Dämpfe entwickeln. Als oberstes Gebot gilt deshalb: immer bei geöffnetem Fenster arbeiten. Man sollte sparsam dosieren und nicht zu kräftig reiben. Zu nennen sind Aceton, Brennspiritus, Alkohol, Testbenzin und natürlich all die Mittel, die als Fleckentferner im Handel sind. Aber rücken Sie damit nur

dem blanken Porzellan oder der glatten Keramik zu Leibe. Dekore, Malereien oder Fayencen sollen grundsätzlich nicht damit in Berührung kommen, weil die chemischen Inhaltsstoffe die Farben angreifen und den Glanz nehmen können.

Kleben und kitten

Wer ein Puzzlespiel zusammensetzen kann, der kann auch einen in viele Teile zersprungenen Teller ohne Schwierigkeiten zusammenfügen. Denn die hilfreiche Chemie bietet uns mit modernen Klebstoffen für jedes Klebeproblem die richtige Lösung. Kleber gibt es sekundenschnell oder auch langsam aushärtend, und man kann sich auf ihre Klebkraft verlassen. Wir gehen davon aus, daß unser Stück zwar in mehr oder weniger viele Teile zersprungen ist, daß aber von diesen Teilen keines fehlt. Wie man ergänzt, lesen Sie später.

Zunächst einmal müssen wir klären, welcher Kleber einzusetzen ist. Das richtet sich ganz nach dem Material und den Bruchrändern.

Für poröses Material und ausgefranste Bruchränder (wenn also viele sandkorngroße Teilchen abgesplittert sind, durch die beim Zusammensetzen eine Fuge entsteht) nimmt man einen Kleber, der auch Fülleigenschaften hat. Hier gibt es Ein- oder Zweikomponentenkleber, man kann aber auch mit ganz normalem Epoxydharz arbeiten. Epoxydharz ist wasserfest und sehr hitzefest, bei den Klebern liest man diesbezüglich lieber auf der Packung nach.

Nicht hitzebeständig, dafür aber problemlos und schnell zu verarbeiten sind Heißkleber aus der Klebepistole. Aber Sie müssen rasch arbeiten, weil die Offenzeit (das ist die Zeit, zu der der Kleber noch flüssig ist und die Teile sich noch ausrichten lassen) mit 10–30 Sekunden relativ kurz ist. Also arbeiten Sie sich im wahrsten Sinne des Wortes Stück für Stück vor.

Für glatte Brüche und festes (dichtes) Material ist Sekundenkleber bestens geeignet. Hier machen Sie es am besten so, daß Sie die Teile aneinanderhalten und den Kleber in die Bruchlinie laufen lassen. Infolge seiner Viskosität verläuft er automatisch.

Zunächst muß ein »Bett« gebaut werden

Ein Klebebett ist gemeint. Damit die Teile in der richtigen Position zueinander gehalten werden können und das Stück nachher nicht krumm und schief ist.

Egal ob Sie mit langsam oder sekundenschnell aushärtendem Kleber arbeiten – die Teile müssen für den Klebevorgang sicher und fest abgestützt sein. Das macht man am besten mit Knetmasse. Wenn Sie noch einen Teller der gleichen Größe haben, ist ein Klebebett leicht hergestellt: machen Sie einfach einen Abdruck des Pendants in einem entsprechend großen Fladen Knetmasse, und setzen Sie das zersprungene Stück darin zusammen. Ansonsten müssen Sie das Klebebett freihand formen, indem Sie ein Stück nach dem anderen eindrükken. Wie auch immer – alle Teile sollten beim Probelegen mit einem Fettstift durchnumeriert werden. Welches System Sie anwenden – von links nach rechts oder im Kreis herum – bleibt ganz Ihnen überlassen. Wer eine Polaroidkamera hat, braucht nur Klick zu machen und hat sofort ein fertiges Verlegemuster.

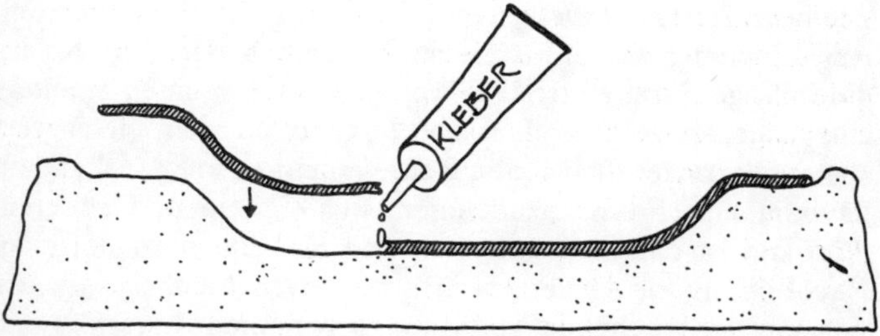

Ein Klebebett aus Knetmasse ist ein sicherer Unterbau.

Bevor der Kleber aufgetragen wird, müssen die Bruchränder erst einmal gesäubert und vor allen Dingen fettfrei gemacht werden. Sonst haftet der Kleber nicht. Das können Sie mit Aceton, Scheuerpulver oder Spülmittel machen. Und damit die Arbeit nicht umsonst war, ziehen Sie von jetzt an am besten Plastikhandschuhe an. So kann kein Hautfett die Klebe-

verbindung schwächen, und Ihre Haut wird auch nicht gefährdet. Denn speziell Sekundenkleber läuft überall hin und haftet mit Riesenkräften auch zwischen den Fingern.
Die gesäuberten Teile werden Stück für Stück auf dem Klebebett zusammengefügt. Der Kleber ist nach Angaben des Herstellers aufzutragen.
Die zusammengefügten Teile lassen Sie – auch wenn Sie mit Sekundenkleber gearbeitet haben – mindestens 1–2 Stunden ruhen. Epoxydharz ist normalerweise nach etwa 12 Stunden fest – zum vollständigen Aushärten braucht es aber noch etwa eine Woche. Das ist auch bei vielen Ein- und Zweikomponentenklebern der Fall. Natürlich braucht das gute Stück so lange nicht im Klebebett zu liegen – lassen Sie es über Nacht darin, dann können Sie es abnehmen und verwahren.
Herausgequollener Kleber sollte sofort mit einem Spachtel abgenommen werden, trotzdem wird sich oft ein kleiner Wulst nicht vermeiden lassen. Man entfernt ihn mit einer scharfen Klinge (Skalpell, Cutter oder Rasierklinge) oder glättet vorsichtig mit Trocken- bzw. Naßschliffpapier.

Fehlende Teile ersetzen

Am schwierigsten beim Ersetzen abgebrochener Teile ist es, die richtige Form zu finden. Wenn es sich um einen Henkel, eine Tüllenspitze oder einen Deckelknauf handelt, bietet sich eigentlich immer die Möglichkeit, von einem entsprechenden Pendant eine Form abzunehmen. Bei Figuren und anderen Plastiken ist das nicht möglich, und Sie sind bei der freien Nachbildung auf Ihr eigenes Talent angewiesen. Da gilt es, sich um entsprechende Vorbilder zu bemühen. Forschen Sie in entsprechender Fachliteratur (Bücherhalle), schauen Sie sich in Museen und beim Antiquitätenhändler um.
Wir wollen uns zunächst mit dem Abnehmen einer Form beschäftigen. Das ist der einfachste Weg, Fehlendes originalgetreu zu ergänzen. Dank der Hilfe der modernen Chemie ist die Arbeit damit nicht schwieriger als das Formen mit Knetmasse. Das Material dazu bekommen wir in jedem Bastelgeschäft.
Silikonkautschuk oder eine andere flexible Masse ist für un-

sere Zwecke am besten geeignet. Weil damit auch Formen mit Hinterschneidungen abgenommen werden können. Natürlich wird es bei einem Henkel problematisch: Man muß innen eine Trennwand einziehen, damit die Form wieder abgenommen werden kann. Befestigen Sie ein paßgenau zugeschnittenes Stück dünnen Kartons mit Alleskleber in der Innenfläche. Der Karton wird mit Abdecklack imprägniert, dabei dichten Sie gleichzeitig eventuelle Fugen zwischen Trennwand und Henkel bzw. Tassenwand ab. Jetzt wird die Masse nach Angaben des Herstellers angemischt, um den Henkel gepackt und nach der erforderlichen Abbindezeit abgenommen. Bei einem Knauf oder einer Tülle entfällt die Prozedur mit der Trennwand.

Für den Abguß wählen wir eine gut fließende, nicht zu pastöse Masse, die jedes Eckchen in unserer Form erreicht. Der Trennspalt in der Henkelform muß vorher geschlossen werden: Kleben Sie die Trennpappe mit Alleskleber ein. Wenn der Abguß erstarrt ist, läßt sich die Pappe leicht spalten. Gibt es Schwierigkeiten, wird die Fuge angefeuchtet. Danach läßt sich der Abguß leicht herausnehmen. Es gibt so viele verschiedene Form- und Gußmassen, und immer wieder kommen neue mit noch besseren Qualitäten auf den Markt. Lassen Sie sich bei der Wahl beraten, und schildern Sie genau Ihr Problem. Manche imitieren ausgezeichnet den Eindruck echten Porzellans, so daß das mühselige Anmischen aus Epoxydharz und fein gemahlenen Füllstoffen der Vergangenheit angehört.

Zum freien Formen – wenn Sie ein Stück nach Bildvorlage, eigenem Formempfinden oder aus dem Gedächtnis heraus nachbilden müssen – gibt es ebenfalls eine Vielzahl vergleichbarer Produkte. Achten Sie immer darauf, daß die Masse beim Aushärten nicht schrumpft, und arbeiten Sie beim Modellieren immer mit dem Maßband. Soll z. B. bei einer Figur ein Füßchen oder ein Arm ersetzt werden, vermessen Sie erst einmal das noch heil gebliebene Gegenstück. Ein bemaltes Stück erscheint immer größer als ein noch nicht koloriertes Stück – sogar, wenn beide Teile aus derselben Gußform stammen. So besteht die Gefahr, daß beim freien Modellieren die wahre Größe täuscht.

Nachmalen

Hier müssen wir klar unterscheiden, ob wir den Gegenstand – z. B. Eßgeschirr – später auch gebrauchen wollen oder ob er nur als Dekoration aufgestellt werden soll. Ein ganz entscheidender Gesichtspunkt ist der Wert des Gegenstandes.

Sie können mit Emaille- oder Plastikfarben und auch mit Autolacken ausgezeichnete Retuschen machen – bei einer kostbaren Antiquität wird so etwas von vielen Sammlern als Barbarei bezeichnet. Und wenn Sie von einem auf diese Weise nachgemalten Teller auch essen wollen, dann informieren Sie sich bitte genau über die Lackinhaltsstoffe und -lösungsmittel. Für Pflege und Reinigung ist wichtig, ob die Farben resistent gegenüber Spülmitteln sind.

Originalgetreu retuschiert man mit Porzellanfarben, die aus Pulver und Dicköl angemischt und aufgetragen werden. Man muß sich beim Anmischen des Farbtons genau auf die Mischungsangaben verlassen, weil die Farben im ungebrannten Zustand teils einen völlig anderen Farbton haben und glanzlos sind. Und man braucht dazu einen Brennofen mit Temperaturen von 800–900 °C.

Pinsel und Maltechnik sind in allen Fällen die Voraussetzung für gutes Gelingen. Weil wir nur feinere Dekore nacharbeiten und keine Flächen malen, besorgen wir uns auch feine Pinsel der Stärke 1–3. Sparen Sie hier nicht, nehmen Sie echte Rotmarderpinsel, denn es nützt die beste Farbe nichts, wenn der Pinsel nichts taugt.

Zunächst wird der richtige Farbton angemischt und dann in mehreren Schichten, die immer zwischendurch gut durchtrocknen sollen, aufgetragen. Zeigen Sie wirklich Geduld, das Ergebnis wird Sie belohnen. Wer mit vollem Pinsel und sattem Strich sofort alles erreichen will, kann nie detailreich malen, wie es für eine solche Arbeit erforderlich ist. Stark verdünnt und in mehreren Schichten aufgetragen kann man immer nach dem Durchtrocknen die Entwicklung des Farbtons beurteilen und erkennt auch noch im letzten Farbauftrag den Pinselstrich und nicht einen aufgeklatschten Farbklecks.

Alte Bestecke – so werden sie wieder appetitlich

Das Eßbesteck in seiner heutigen Form – also das Messer mit breiter und vorn abgerundeter Klinge, die vierzinkige Gabel und der Löffel mit langem Stiel – ist noch gar nicht so lange in Gebrauch, wie wir so traditionsbewußten Europäer uns das vorstellen. Erst seit hundert Jahren etwa hat es sich allgemein und für den täglichen Gebrauch durchgesetzt. Wenn wir die Gemälde der niederländischen Maler betrachten, dann sehen wir die Menschen voll Freude mit beiden Händen zulangen. Trotzdem ist das Essen mit dem Eßbesteck eine typisch europäische Gewohnheit. Gegenüber der Gesamtbevölkerung auf unserem Planeten befinden wir uns mit unserer so über alles geschätzten Eßkultur sogar eindeutig in der Minderheit: nur ⅙ der Weltbevölkerung ißt mit Messer, Gabel und Löffel – die weitaus größere Mehrheit – nämlich die Hälfte – benutzt nach wie vor die Hände, und ein Drittel der Menschheit ißt mit Stäbchen.

Die ersten Eßgeräte waren große Messer zum Zerteilen des Bratens und kleinere, sehr schlanke und spitze Messer zum Aufspießen der einzelnen, mundgerecht servierten Stücke. Außerdem kannte man als zweites Eßgerät den Löffel.

Wer zu Tisch geladen war, mußte sich sein Eßbesteck selber mitbringen, es gehörte zur persönlichen Habe. Auch dies können wir auf den mittelalterlichen Gemälden erkennen: man trug sein Eßbesteck in einem Köcher am Gürtel. Diese Sitte ist auch der Ursprung für den Begriff Besteck: die Eßgeräte wurden nach dem Mahl wieder in den Köcher gesteckt. Die Eßgeräte hatten noch keine allgemeingültige Form und waren aus sehr unterschiedlichen Materialien gearbeitet und nur zu höfischem oder kultischem Gebrauch reich und kostbar verziert.

Im allgemeinen handelte es sich um einfache Eisenmesser –

sehr spitz zulaufend – mit hölzernen Griffschalen. Die Löffel waren aus Hartholz und hatten einen kurzen Griff. Wohlhabende Bürger begannen, die Stiele der Hartholzlöffel mit Silberbeschlägen verzieren zu lassen – ebenso wie das Gürteletui. Man zeigte gern, daß man sich einen gewissen Luxus leisten konnte – auch, wenn noch reichlich geschmatzt wurde.
Die Gabel ist eine Erfindung der Italiener. Dort beschloß man jedes Mahl mit Zuckerwerk – meist kandierte Früchte – und man benötigte ein Gerät zum Aufspießen dieser süßen aber auch recht klebrigen Köstlichkeiten – die Konfektgabel mit zwei Zinken.

Mit der zunehmenden Freude am Tafeln entwickelte sich auch das Eßgerät weiter, es wurde reichhaltiger verziert. Die ersten Entdeckungsreisen waren gemacht, und der zunehmende Warenaustausch brachte Elfenbein, Perlmutt, Koralle, Ebenholz und Bernstein als neue Schmuckmaterialien mit, die als Besteckgriffe verwendet wurden. Und namhafte Künstler wurden von Silberschmieden beauftragt, Vorlagen für kostbare Bestecke zu entwerfen. All dies fällt in die Zeit bis 1600.

Bestecke aus dieser Zeit sind zu kostbar, als daß wir ihnen auf dem Flohmarkt begegnen könnten. Zudem waren es immer noch persönliche Besitztümer einiger weniger, finanziell wohlhabender, machtausübender Menschen – die breite Masse speiste mit schlichterem Gerät und benutzte auch die Finger.

Erst Ende des 17. Jahrhunderts, in der Zeit des Barock und beginnenden Rokoko, wurde es üblich, daß der Gastgeber für jeden seiner Gäste auch ein Eßbesteck bereithielt. Und die Vielfalt der Materialien verschwand mehr und mehr zugunsten eines einheitlich gestalteten Silberbestecks. Es wurden keine Einzelstücke mehr gefertigt, sondern man rüstete sich mit Bestecksätzen auf 6, 12 und mehr Personen aus – so wie es heute üblich ist. Auch die Form der Eßgeräte glich mit der breiten Messerklinge und der mehrzinkigen Gabel sowie dem langstieligen Löffel der heutigen Art.

Bestecke wurden bis Ende des 18. Jahrhunderts von Hand gefertigt, dann setzte sich die industrielle Produktion durch. Die

Messerklingen waren immer aus Eisen, weil zum Schneiden immer eine größere Härte notwendig ist, als sie das Silber bieten kann.

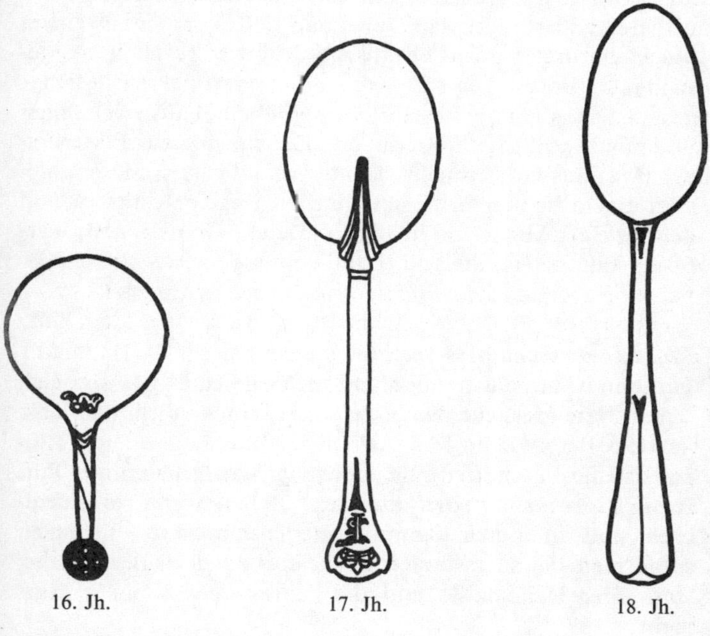

Die Entwicklung der Löffelform

Mit der Erfindung der Galvanotechnik um 1840 wurde elektrisch versilbert, und im Laufe des 19. Jahrhunderts wurden auch die Klingenherstellung und das Pressen von Gabeln, Löffeln und Messergriffen maschinell ausgeführt.
Die Massenproduktion führte mit dem zunehmenden Bewußtsein des Bürgertums im Biedermeier wieder weg von den repräsentativen rein silbernen Bestecken. Man fand einfache, liebenswerte Motive und verwandte Griffschalen aus Holz, Knochen oder Schildpatt. Danach fertigte man wieder im Stil

früherer Epochen, weil den Künstlern wohl nichts Besseres mehr einfiel, und erst der Jugendstil brachte wieder neue Formen.

Gemeinsame Konstruktionsprinzipien der einzelnen Stile
Generell ist zu sagen, daß Gabel und Löffel immer aus einem Stück geformt sind – egal ob geschnitzt, geschnitten, geschmiedet oder – wie seit mehr als hundert Jahren üblich – gestanzt. Das Messer besteht in der Mehrzahl aus zwei Teilen und mindestens zwei Materialien: die Schneide aus Eisen und der Griff aus Griffschalen in unterschiedlichsten Materialien oder einem hohlen Griff, in dem die Klinge befestigt ist und der mit einer Masse gefüllt ist, die zweierlei Funktionen zu erfüllen hat: Sie soll die Klinge fixieren und sie soll so viel Gewicht bringen, daß das Messer ausgewogen ist.

Was kann man ausbessern oder reparieren?
Es kommt auf die Materialien an. Griffschalen lassen sich durch Neuanfertigungen ersetzen, sofern es sich um Holz handelt. Bei anderen Materialien wie Elfenbein oder Schildpatt ist die Beschaffung zu schwierig. Griffschalen aus Porzellan kann man wieder kitten und kleben, wenn sie zerbrochen sind, und man kann sie auch nachmalen – benutzen sollte man die so restaurierten Bestecke wegen der Inhaltsstoffe der Kaltemaille und des Kittes oder Klebers nicht mehr.
Die Klinge kann entrostet werden oder man wechselt sie aus. Schärfen ist immer etwas für den Fachmann. Das gilt speziell dann, wenn der Vorbesitzer nachträglich einen Wellenschliff hat einarbeiten lassen.
Verbogene Löffel- und Gabelstiele kann man nachbiegen, einen eingedellten Löffel nicht. Abgebrochene Gabelzinken lassen sich nicht ersetzen, die Gabel muß dann entsprechend gekürzt werden.

Klinge auswechseln, ausrichten und reinigen
Der häufigste Schaden an einem alten Eßbesteck wird eine lose Messerklinge sein. Das hängt mit dem häufigen Ge-

brauch und dem dann auch zwangsweise häufigem Abwaschen zusammen. Der Messergriff ist mit einem speziellen Harz gefüllt, dem Kolophonium. Unter starker Hitze verflüssigt sich dieses Harz, und wenn ein Messer zu lange in kochendem Wasser gelegen hat, lockert sich die Klinge. Schlimmer ist, daß Wasser in den normalerweise hermetisch abgeschlossenen Griff eindringen kann und das Kolophonium auswäscht. Wenn es erkaltet, sitzt die Klinge schief oder wakkelt.

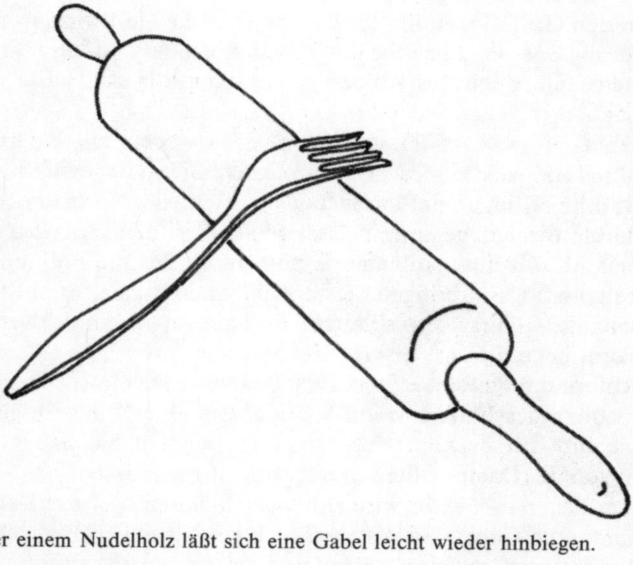

Über einem Nudelholz läßt sich eine Gabel leicht wieder hinbiegen.

Die Klinge muß also ganz herausgenommen werden. Dazu müssen Sie genau das tun, was dazu geführt hat, daß sie sich lockerte: Sie müssen den Griff in kochendem Wasser erhitzen. Tauchen Sie das Messer mit dem Griff in kochendes Wasser, indem Sie die Klinge mit einer Zange festhalten. Und beobachten Sie, was geschieht. Das Kolophonium dehnt sich unter Wärme aus, und zwar um ¼ seines Volumens. Wenn die

Masse hochsteigt, ist sie schon so weit erwärmt, daß sich die Klinge lockert. Nehmen Sie das Messer heraus, halten Sie mit einer zweiten Zange (einen Lappen dazwischenlegen) den Griff fest und ziehen Sie die Klinge heraus. Den Griff lehnen Sie senkrecht irgendwo an, damit das Kolophonium nicht herausfließt.

Die Klinge wird zunächst gereinigt und – wenn notwendig – entrostet. Da hilft nur schleifen und schaben und kratzen. Schärfen sollte sie ein Scherenschleifer, weil dazu nicht nur ein Schleifstein, sondern auch das notwendige Fingerspitzengefühl und die Erfahrung gehören. Bevor die Klinge wieder in den Griff eingeführt wird, biegen Sie die Heftspitze hakenförmig um. So haben Sie auch dann noch die Garantie für festen Halt, wenn das Kolophonium nur noch zur Hälfte vorhanden ist.

Der Griff muß so weit wieder erwärmt werden, bis das Kolophonium weich wird. Dann können Sie die ebenfalls erwärmte Klinge einführen und ausrichten. Normalerweise müßte die Klinge stramm und spielfrei in den Griff passen. Das Messer muß so lange fixiert werden, bis die Füllung erkaltet ist. Dann bringen Sie es zum Scherenschleifer und lassen die Klinge neu schleifen. Er kann auch eine schartige Form begradigen.

Kolophonium ist für den Privatmann schwer oder fast gar nicht zu beschaffen. Wenn Sie trotzdem eine Klinge in einen leeren Griff einzementieren wollen, nehmen Sie lieber Epoxydharz. Damit sollten Sie aber nicht mehr essen.

Der Scherenschleifer wird Ihnen auch helfen, wenn es darum geht, eine Gabel, bei der ein Stück von einer Zinke abgebrochen ist, generell einzukürzen und die Zinken neu zu formen.

Eine verbogene Gabel läßt sich – wenn es sich nicht gerade um Stahl handelt – leicht wieder hinbiegen. Legen Sie die Gabel über ein Nudelholz, und drücken Sie vorsichtig und langsam die verbogenen Zinken. Der Durchmesser eines Nudelholzes entspricht in etwa der Rundung der Gabelzinken. Es kommt aber darauf an, langsam zu drücken, um das Material nicht einreißen und dann schließlich brechen zu lassen. Ebenso lassen sich Gabel und Löffelstiel wieder richten.

Griffschalen aus Holz sind relativ leicht zu ersetzen. Das größte Problem ist die Beschaffung entsprechender Ersatzhölzer. Oft handelt es sich um tropische Edelhölzer von extremer Härte – wie Ebenholz oder Pockholz. Manchmal findet es sich bei einem Holzimporteur, und vielleicht kann auch ein Kunstschreiner es beschaffen. Diese Hölzer stellen große Anforderungen an das Werkzeug. Sägeblätter, Holzfeilen und Hobelklingen müssen in kurzen Abständen immer wieder gereinigt werden. Die neuen Schalen müssen so lange geformt

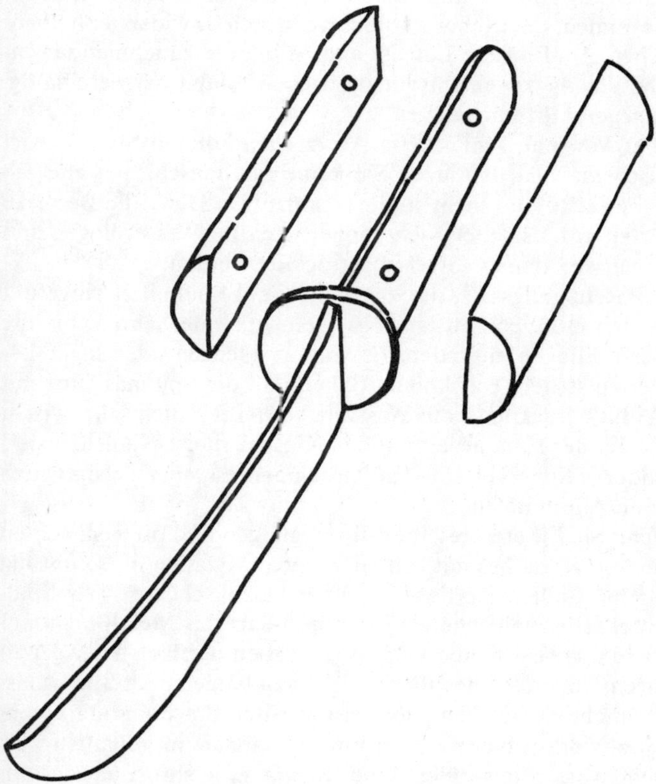

Griffschalen sind leicht austauschbar.

und immer wieder angepaßt werden, bis sie wie angegossen sitzen. Dann werden sie durchbohrt und vernietet. Für die Nieten nimmt man Messing oder Kupfer. Mit reinem Bienenwachs oder ganz wenig Olivenöl werden die festgenieteten Griffschalen poliert.

Tafelsilber – hier hilft nur putzen

Großmutters Tafelsilber ist auch heute noch ein traditionelles Erbstück, und Bestecke aus dieser Zeit werden häufig auf dem Flohmarkt angeboten.

Durchweg sind sie angelaufen und schwarz. Das hängt damit zusammen, daß Silber und Schwefel sich unwiderstehlich anziehen. Und unsere Luft ist auch ohne die zunehmende Verschmutzung zu einem ganz geringen Anteil schwefelhaltig. Dagegen hilft nur putzen.

Aber Vorsicht, schon beim Abwaschen können Sie sehr viel falsch machen. Benutzen Sie keine Spülmaschine – alte Silberbestecke sind nicht spülmaschinenfest. Denn die Bestecke dürfen grundsätzlich nicht längere Zeit im Wasser liegen und sie müssen immer sofort abgetrocknet werden.

Das Reinigungssalz, das zusätzlich zum Spülmittel eingefüllt werden muß, enthält langfristig einwirkende Säuren, die die Messerklingen angreifen. Es können Flecken oder sogar Löcher entstehen. Das kommt daher, daß die Spülmaschine mit Heißluft trocknet – die Wasserreste werden nicht abgewischt wie bei der Handarbeit mit dem Geschirrtuch. Natürlich sind moderne Silberbestecke spülmaschinenfest, aber sie sind auch keine Antiquitäten.

Wenn Sie Ihr ererbtes Tafelsilber reinigen und pflegen, achten Sie darauf, daß es mit keinen anderen Metallen in Berührung kommt. Spülen Sie lieber in einer Plastikschüssel. Das Spülmittel selbst soll schonend sein und darf das Metall nicht angreifen. Lesen Sie die Packungsangaben der Hersteller genau durch. Baden Sie das Besteck nicht zu lange in der Spülschüssel (nicht einweichen), sondern arbeiten Sie zügig mit einem Lappen oder einer weichen Bürste. Danach mit reichlich warmem Wasser klarspülen. Und trocknen Sie sofort und gründlich ab.

Aber durch das Abwaschen wird nur der Schmutz entfernt, die schwarzen Stellen bleiben. Die entfernen Sie mit einem Silberputzmittel. Es gibt deren viele, und jeder Hersteller schwört darauf, daß sein Mittel das beste ist. Es bleibt Ihnen die Wahl.
Grundsätzlich gilt: Machen Sie es sich nicht zu leicht, leisten Sie bei der ersten Grundreinigung auch richtige Handarbeit. Von den bequemen Tauchbädern ist abzuraten. Sie dürfen mit den Messerklingen nicht in Berührung kommen, weil die Flüssigkeit so aggressiv ist, daß sogar Nirostaspülen Flecken bekommen. Unser altes Besteck aber hat reichlich Gebrauchsspuren, und falls es sich um versilbertes Eßgerät handelt, kann ein Tauchbad verheerende Wirkung haben.
Nehmen Sie ein normales Mittel und putzen Sie lieber reichlich und ausdauernd mit dem Lappen. Noch etwas: lassen Sie ruhig etwas von dem Schwarz stehen. Es bringt das Dekor viel besser zur Geltung, und manche Bestecke wurden an den entsprechenden Stellen absichtlich geschwärzt. Eine Technik, die der Patina in der Malerei und auf Möbeln recht ähnlich ist.
Ein altes Besteck in frischem Glanz, so, als käme es geradewegs aus der Manufaktur – das sieht doch etwas unnatürlich aus. Lassen Sie den alten Dingen ruhig ihre Patina – die macht erst ihren Charme aus.
Aber tun Sie etwas dagegen, daß das Silber immer wieder anläuft, und daß Sie nicht immer wieder putzen müssen. In manchem Putzmittel ist ein solcher Anlaufschutz schon enthalten, man kann ihn aber auch extra auftragen. Sehr praktisch sind kleine Streifen zum Einkleben in den Besteckkasten – die »Silver-Keeper«. Sie geben Anlaufschutz für etwa 6 Monate.

Selber vergolden? Warum nicht!

Vergolden bedeutet eigentlich das Vortäuschen falscher Tatsachen: Man überzieht Gegenstände mit einem äußerst dünnen Goldfilm. Diese Goldschicht ist echt, und obwohl sie in der Regel bei einer Blattvergoldung z. B. nur eine Dicke von $\frac{1}{8000}$ bis zu $\frac{1}{10\,000}$ Millimeter hat, erscheint uns der damit überzogene Gegenstand doch wie aus massivem Gold gefertigt und fühlt sich bei Berührung auch so an. Das liegt an den besonderen Materialeigenschaften des Goldes, das stets seinen unvergleichlichen Metallglanz und seine schöne Farbe behält. Es altert nicht.

Gold ist von großer Weichheit und Dehnbarkeit. Beide Eigenschaften führten zusammen mit der sprichwörtlichen Unvergänglichkeit schon in grauer Vorzeit dazu, daß man es zu Kunst- und Kultgegenständen verarbeitete. Und Gold ist auch seit jeher der Wertmesser aller Dinge – sei es nun in reiner Form als Tauschmittel oder als Münzmaterial. Es hebt nicht nur von der visuellen, sondern hauptsächlich auch von der ideellen Anmutung her den Wert des Gegenstandes, den es überzieht.

Dabei ist die Wertschätzung des Goldes nicht nur auf unseren Kulturkreis beschränkt, sondern international. Und in fast allen Kulturen wurden und werden Gegenstände von besonderem Wert aus diesem so geschätzten Material hergestellt bzw. werden deren Oberflächen damit veredelt. Die Techniken des Vergoldens sind überall gleich entwickelt worden. Man unterscheidet die Feuer- oder Quecksilbervergoldung als chemische Techniken und das Aufbringen von immer dünner werdenden Plättchen bis hin zum hauchdünnen Blattgold.

Einige Grundkenntnisse über die drei gebräuchlichsten Vergoldungstechniken sollte auch der Sammler und Hobbyrestaurator von Antiquitäten haben. Zum einen, um überhaupt bestimmen zu können, welche Technik angewendet wurde, und zum anderen, um fachgerecht restaurieren zu können. Denn nach Art der Vergoldung kann man auf das Alter des Gegenstandes schließen.

Die Feuervergoldung

Die Feuer- oder Quecksilbervergoldung ist die älteste der auf chemischen Vorgängen beruhenden Vergoldungstechniken und seit der römischen Antike bekannt. Gebräuchlich war sie bis zur Einführung der Galvanotechnik um 1840, geriet dann aber wegen des aufwendigen Verfahrens in Vergessenheit.

Die Feuervergoldung nutzt die Eigenschaften des Goldes, sich mit Quecksilber zu einem Amalgam (einer Legierung) zu vereinen. Weil das zu vergoldende Stück zunächst in einem Feuer geglüht werden soll, kommen nur Metallgegenstände in Betracht. Das können z.B. vergoldete Bronzebeschläge an Möbeln aus dem Rokoko sein, aber auch Eßbestecke, kleine Metallgegenstände oder Figuren. Der zu vergoldende Gegenstand wird zunächst in einem Kohlefeuer geglüht, dann mit Salzsäure bestrichen und gelb gebrannt. Dann trägt man eine Schicht aus salpetersaurem Quecksilberoxid auf und streicht darauf das Goldamalgam. Durch anschließendes Erhitzen verdampft das Quecksilber, und zurück bleibt eine relativ dicke, matte Goldschicht.

So etwas kann der Laie aufgrund der komplizierten Technik nicht selber machen. Es ist vielmehr wegen der lebensgefährlichen Quecksilberdämpfe dringend davon abzuraten. Wo eine Feuervergoldung soweit zerstört oder beschädigt ist, daß sie neu angelegt werden muß, sollte man lieber einen Restaurator oder einen Vergolder bemühen.

Allerdings kann man mit ein wenig Geschick die neu angelegte Feuervergoldung polieren. Zunächst wird mit einer weichen Messingbürste geglättet und dann mit Blutstein abgerieben. Die jetzt wieder glatte und glänzende Oberfläche kann mit einem feinen Stichel auch dem Original entsprechend graviert werden.

Die galvanische Vergoldung

Sie hat seit ihrer Erfindung durch den Chemiker Elkington im Jahre 1836 die Feuervergoldung abgelöst. Der Grund liegt in dem wesentlich einfacheren Verfahren. Allerdings wird auch hier wieder mit einer für den Laien ziemlich gefährlichen Chemikalie – der Cyanidlösung – hantiert. Wer nichts von Chemie versteht, sollte lieber auch hiervon die Finger lassen. Die Anschrift einer galvanischen Anstalt, die so etwas in Lohnarbeit erledigt, findet man unter der Rubrik »Metall/ Metallverarbeitung« im Branchentelefonbuch.

Galvanisieren beruht darauf, daß ein Stück Gold an den positiven Pol einer Batterie angeschlossen wird. Der zu vergoldende Gegenstand wird mit dem negativen Pol verbunden. Dann taucht man beide Teile in eine doppelte Cyanidlösung. Der elektrische Strom aktiviert die Salzlösung und löst das Gold an. Das in der Flüssigkeit gelöste Gold wird jetzt von dem zu vergoldenden Gegenstand angezogen, weil er an den Minuspol angeschlossen ist. Je nach Dauer des galvanischen Bades kann man die Stärke und Dichte der Goldschicht variieren, wird aber nie die Dicke einer Feuervergoldung erreichen.

Die Qualität einer Galvanovergoldung richtet sich nach dem Untergrund: war er vorher glänzend und glatt, ist es die Galvanoschicht auch. Die neue Schicht überzieht den Gegenstand mit einer gleichmäßigen Dicke. Wenn die durchgescheuerte Schadstelle überzogen ist, hat sich eine gleichdicke Schicht auf der intakten Vergoldung abgelagert. Es sollte nur so lange getaucht werden, bis die Schadstelle überdeckt ist.

So bessert man kleine Schäden an chemisch vergoldeten Gegenständen selber aus: Die Anreibevergoldung

Eine einfache Methode, kleine Kratzer oder Scheuerstellen auszubessern, ist die Anreibevergoldung. Zwar wird auch hier mit Salpeter hantiert, das Verfahren ist aber relativ ungefährlich. Man löst eine Messerspitze Salpeter in einem Eßlöffel Wasser und setzt dieser Lösung ½ g Goldchlorid zu. Ist die Mischung vollständig durchgelöst, wird sie durch ein gespanntes Leinenläppchen gegossen. Die Flüssigkeit fällt durch oder schwindet, und das Gold bleibt im Lappen. Mit ein wenig Spiritus wird der Lappen jetzt auf einer sauberen Schale verbrannt und zurück bleibt das Goldpulver. Man reibt es mit einem feuchten Lappen und mäßigem Druck auf. So kann man ganz gezielt kleine Schadstellen ausbessern, ohne daß das ganze Stück chemisch nachbehandelt werden muß. Und man kann wunderschön gleichmäßige Übergänge von durchgescheuerten Stellen zur intakten Goldschicht herstellen, weil man die Problemzonen durch kräftiges Reiben mit grobem Leinen egalisieren kann.

Die Blattvergoldung

Die Blattvergoldung ist die in Kunst und Handwerk übliche und am weitesten verbreitete Technik des Vergoldens. Zudem ist sie völlig ungefährlich, weil nicht mit chemischen Lösungen hantiert und auch nicht geglüht werden muß.

Dies ist das einzige Vergoldungsverfahren, das auch vom Laien zu Hause ausgeführt werden kann. Und es eignet sich hervorragend für Ausbesserungen, weil man auf die Schadstelle einfach einen Flicken aufklebt. Man kann diesen Flikken auf Holz, Stein oder Metall aufkleben, weil es sich um ein mechanisches und nicht um ein chemisches Verfahren handelt.

Natürlich braucht man eine gewisse Fingerfertigkeit, das nötige Feingefühl und vor allem Übung, um ein befriedigendes Ergebnis zu erzielen. So gilt es zunächst, an einem Probestück die Technik beherrschen zu lernen.

Zum Probieren sollte man sogenanntes Kompositionsgold nehmen. Es ist wesentlich billiger als echtes Blattgold, hat aber bei der Verarbeitung die gleichen Materialeigenschaften. Einziger Nachteil: es muß mit einem Lacküberzug gegen Korrosion geschützt werden, weil es sich um eine Kupfer-Zink-Legierung handelt.

Blattgold gibt es in unterschiedlichen Qualitäten.

Echtes Blattgold bekommt man in Geschäften für Zeichenbedarf und in gut sortierten Bastelläden. Es ist etwa 0,00013 mm dick und wird in Büchelchen von 10 oder 25 Blatt gehandelt. Es gibt die Standardgrößen 80 × 80 mm und 85 × 85 mm sowie die früher übliche Größe von 65 × 90 mm. Die Qualitäten gehen von 22 bis 24 Karat, und auch die Färbungen sind unterschiedlich: von Fein-Orangegold bis FF-Feingold 1000/1000.

Am besten nehmen Sie beim Kauf ein kleines Muster mit. Sie können es vorsichtig von dem zu reparierenden Gegenstand abkratzen, denn es ist unerheblich, ob Sie beim späteren Vergolden ein wenig mehr bearbeiten müssen oder nicht.

Vorbereitungen

Voraussetzung für eine einwandfreie Arbeit ist ein möglichst staubfreier, warmer und trockener Raum. Weil jedes Staubpartikelchen auf dem Untergrund unter dem darauf geklebten hauchdünnen Blattgold zu erkennen ist. Und weil der zu vergoldende Gegenstand ebenfalls trocken sein muß und sich infolge Luftfeuchtigkeit im Volumen nicht mehr verändern darf. Holz z. B. quillt bei Feuchtigkeit auf, und es wäre schade, wenn das mühsam aufgetragene Blattgold dann einreißt.

Deshalb darf der Kleber, mit dem das Blattgold aufgebracht wird, auch keine Feuchtigkeit enthalten. Hiervon wußte man schon in den Anfängen der Vergoldungstechnik.

So berichtet Plinius d. Ä. in seinen Schriften über die Malerei und Vergoldungstechniken der frühen Römerzeit, daß man »das Gold auf Holz mit einer leimartigen Mischung befestigt, die man Leukophoron nennt.« »Leukophoron«, so schreibt er weiter, »bereite man wie folgt: ½ Pfund pontische Sinopis (ein rötlicher Ton aus Armenien in Vorderasien) wird mit 10 Pfund hellem Ocker und 2 Pfund melischem Weiß innig verrieben – und zwar zwölf Tage lang, damit die Mischung möglichst fein werde.« Diesen kreidigen, leicht rötlichen Untergrund sehen wir, wenn wir das Blattgold auf einem Holzgegenstand leicht abschaben oder wenn es durchgescheuert ist. Diese Technik hat sich seit zweitausend Jahren im wesentlichen nicht geändert. Aber in unserer Zeit der vorgefertigten und vorbereiteten Dinge gibt es den Blattgoldkleber natürlich fix und fertig zu kaufen. Er heißt Mixtion und ist überall dort zu haben, wo es auch Blattgold gibt.

Das Leukophoron hatte neben der Klebewirkung noch die Ei-

genschaft, den Untergrund vollständig glatt vorzubereiten. Das ist unbedingt notwendig, denn unter dem Blattgold liegengebliebene Staubkörnchen oder gar Kratzer und Unebenheiten sieht man später sofort. Zudem kann das Goldblättchen beim Polieren genau über einem Staubkorn reißen.
Wenn wir eine Antiquität nachvergolden wollen, kann es sich nur um zwei Beschädigungen handeln: Die Grundierung ist mit dem Blattgold abgeplatzt oder es gibt eine mehr oder weniger große Scheuerstelle. In beiden Fällen muß zunächst ein einwandfreier Untergrund hergestellt werden. Während die Scheuerstelle infolge der glatten Übergänge schon bestens vorbereitet ist, müssen die scharfen Kanten an abgeplatzten Flächen geebnet und angeglichen werden.
Zunächst aber wollen wir den Untergrund glatt und eben vorbereiten. Das machen wir mit feiner Schlämmkreide, die in vier bis fünf Schichten mit einem feinen Pinsel aufgetragen wird und zwischendurch immer gut durchtrocknen sollte. Je Schicht etwa 12 Stunden. Damit die erste Schicht möglichst wenig Wasser enthält, trotzdem aber dünnflüssig bleibt, mischt man sie mit verdünntem Eischnee an. Etwas einfacher ist das Verfahren, wenn man normale Plakafarbe nimmt, weil die leichter zu beschaffen ist als Schlämmkreide. Die fertige Grundierung wird mit feiner Stahlwolle endgültig geglättet. Dabei arbeiten wir zunächst den Übergang zur intakten Schicht heraus und schleifen dann die Reparaturstelle.

Das Anschießen

Der gut vorbereitete Untergrund wird nochmals mit einem trockenen, fusselfreien Tuch staubfrei abgewischt, dann können wir den Kleber – das Mixtion – auftragen. Diesen Spezialleim aus gekochtem Leinsamenöl und Ocker bekommt man in zwei Ausführungen. Die eine trocknet in 2–4 Stunden, die andere in 8–12. Das ist keine Frage der Qualität, sondern der Fläche, die vergoldet werden soll. Da wir nur ausbessern wollen, können wir die Mischung mit der kurzen Offenzeit nehmen.
Das Mixtion soll gleichmäßig aufgetragen werden, und wenn die Oberfläche leicht klebrig wirkt, legt man das Blattgold

auf. Das nennt man Anschießen. Damit die dünnen Goldblättchen sich leichter voneinander lösen, nimmt man das Büchelchen in die Hand und pustet leicht hinein. Dann nehmen wir den flachen Kamelhaarpinsel, der jeder Packung beiliegt, und wischen damit leicht über die Stirn. Das so aufgenommene Hautfett saugt das Goldblättchen förmlich an die Pinselhaare. Wenn wir das Blättchen jetzt auflegen, haftet es auf der Klebefläche, weil die Klebewirkung des Mixtion es wieder vom Pinsel zieht.
Müssen mehrere Blätter aufgebracht werden, sollen sie alle in einer Richtung überlappen, damit die Fläche fugenlos geglättet werden kann. Mit einem sauberen Baumwolltuch reibt man vorsichtig in Richtung der Überlappung und zu den Anschlußrändern hin. Wo kein Kleber aufgetragen wurde, reißt das hauchdünne Goldblättchen sofort ab, und durch weiteres Polieren wird ein fugenloser Übergang geschaffen.

Vergoldetes Porzellan

Gold, Silber oder Platin kann nicht in reiner metallischer Form auf Porzellan aufgebracht werden. Deshalb wurden und werden Edelmetalle in recht komplizierten chemischen Verfahren zu einem feinen Pulver oder zu einer gebrauchsfertigen dickflüssigen Lösung verrieben. Weil das Anmischen des Goldpulvers mit Streck- und Flußmittel nur etwas für den professionellen oder fortgeschrittenen Porzellanmaler ist, sollten wir uns auf die fertige Mischung beschränken. Es sollte aber immer Poliergold sein, weil Glanzgold zu dünn ist und gerade bei einer Nachvergoldung oder Reparatur gegenüber dem Originalauftrag einfach »zu echt« wirkt.
Poliergold, flüssig, gelb 1010/II wird von der Firma Degussa, Frankfurt/Main, in Flaschen mit 10 g Inhalt angeboten. Dazu benötigen wir noch Verdünnungsöl 75 oder B (ca. 100 g). Das Poliergold muß satt aufgetragen werden. Dazu schütteln wir das Fläschchen zunächst gut durch und gießen die benötigte Menge auf ein Glasplättchen. Die Flasche muß sofort verschlossen werden, weil sich die Lösungsmittel rasch verflüchtigen und der Inhalt eindickt. Das passiert natürlich auch auf der Glasplatte, deshalb muß bei länger dauernden Arbeiten

immer wieder Verdünnungsöl untergemischt werden. Das Gold sieht beim Malen schwarz aus und wird erst nach dem Brennen goldfarben. Mit einem feinen Rotmarderpinsel tragen wir es satt auf die Reparaturstelle auf. Danach muß die ganze Sache bei 800–900 °C im Brennofen gebrannt werden. Fragen Sie bei Ihrem Händler, ob ein Brennofen vorhanden ist oder ob man Ihnen die Adresse eines Porzellanmalers oder Töpfers nennen kann, der so etwas als Lohnarbeit erledigt. Die gebrannte Farbe kommt mattschimmernd aus dem Feuer und muß mit einem Achatstift Strich für Strich poliert werden. Eine halbmatte Wirkung erreicht man durch Abreiben mit feuchtem Seesand. Wie bei allen Ausbesserungen müssen auch hier die Übergänge gut geglättet werden.

Tips für die Pflege von Vergoldungen
Die Mühe einer Ausbesserung oder gar einer Neuvergoldung kann man sich bei manchem Stück ersparen, wenn man es erst einmal gründlich reinigt. Dazu gibt es Goldwachs, mit dem man Vergoldungen wunderbar auffrischen kann. Es ist in verschiedenen Farbschattierungen erhältlich, so daß man die unterschiedlichsten Effekte erzielen kann.
Goldwachs wird mit einem weichen Tuch auf die zuvor sauber und fettfrei gewischte Fläche aufgetragen. Es trocknet rasch und kann mit einem Lederlappen poliert werden.
Auch Putzen in regelmäßigen Abständen bekommt vergoldeten Gegenständen sehr gut. Man reinigt sie mit einem Schwamm und einer warmen Seifenlösung. Chemische Reinigungsmittel scheiden grundsätzlich aus, weil nicht vorherzusehen ist, in welcher Form sie das Metall angreifen. Die Seifenlösung muß recht schnell wieder trocken abgewischt werden, damit auf keinen Fall Feuchtigkeit in den Untergrund eindringen kann. Dies würde nämlich die Goldschicht – wie schon vorher erläutert – vollständig ruinieren. Die gereinigte Fläche wischt man nochmals mit einem Lappen und destilliertem Wasser ab, um alle Seifenrückstände zu entfernen. Auch dies muß rasch und sorgfältig und natürlich nur mit ganz leichtem Druck getan werden.

Pflege alter Bücher und Handschriften

Wir alle kennen das Bild des in seine Lektüre vertieften Bücherwurms oder Studierenden, wie er gedankenverloren am Finger leckt, um dann mit befeuchteter Fingerspitze die gerade zu Ende gelesene Seite beim Umblättern besser greifen zu können. Und – ehrlich gesagt – ich habe das auch schon öfter gemacht.

Zugegeben, Bücher, die heute herausgegeben werden, sind natürlich keine Antiquität – aber genau das haben die Leser vor hundert und mehr Jahren auch gedacht. Wie viele Exemplare der Romane von Karl May und Hedwig Courths-Mahler führten ein regelrechtes Schattendasein unterm Kopfkissen unserer Großeltern? Wer dachte damals schon daran, daß so etwas einmal einen Sammlerwert haben würde?

Oder denken wir an die alten Kochbücher – man geht heute sogar so weit, sie mitsamt den Fettflecken und handschriftlichen Anmerkungen aus Großmutters Küche nachzudrucken.

Wenn man ein Buch lesen will, muß man es in die Hand nehmen und die einzelnen Seiten umblättern. Je älter und je interessanter ein Buch ist, desto deutlicher sieht man ihm intensiven Gebrauch an.

Eselsohren, eingerissene und herausgerissene Seiten, angestoßene Deckel und beschädigte Rücken sind die häufigsten Schäden. Hinzu kommen noch die mitunter recht umfangreichen Randnotizen interessierter Leser.

Reine Alterserscheinungen sind Insektenbefall, Schimmelpilze, Ausbleichungen durch intensiven Lichteinfall (direkte Sonneneinstrahlung, wenn das Bücherregal in Fensternähe stand) und Risse speziell in alten Ledereinbänden.

Säubern und Trocknen

Wer glaubt, daß Bücher nur von außen einstauben (weil sie geschlossen im Regal oder Bücherschrank stehen), der irrt gewaltig. Staub kennt einfach keine Grenzen, und was sich oben auf einem Buch angesammelt hat, das rieselt langsam aber sicher zwischen den Seiten bis auf den Regalboden durch. Im Laufe weniger Jahre wird der Staub zu einer mehr und mehr festen, rußartigen Schicht, die speziell Leineneinbänden oder weniger glattem Papier arg zusetzt.

Feuchtigkeit, wie sie allein durch den Temperaturwechsel im Tages- und Jahreszeitenrhythmus entsteht, ist der Anfang vom Übel. Der Leim, mit dem die Bücher gebunden wurden, wird zu einer richtigen Delikatesse für Silberfische und Schaben. Leicht können sich auch Schimmel- und Schwammpilze bilden, die selber Appetit auf unsere Antiquität haben und außerdem (natürlich samt der Seite, auf der sie sitzen) auch noch auf der Speisekarte von Bücherläusen stehen. Ja, und für Holzwürmer ist ein Buch das reinste Schlaraffenland, weil sie sich hier ganz bequem und ohne die Kiefer zu überanstrengen richtig den Bauch vollschlagen können.

Jedes antiquarisch erworbene Buch sollte erst einmal gründlich gesäubert werden, bevor Sie es in Ihren Bücherschrank stellen. Denn das fatale an den unersättlichen Schädlingen ist, daß sie ihr schändliches Treiben immer heimlich und im Verborgenen führen und daß sie sofort – der Himmel weiß woher – da sind, wenn ihnen auch nur ein kleiner Bissen geboten wird. Stellen Sie also Ihren Flohmarktfund niemals sofort ins Regal. Es könnte ein ungebetener Gast zwischen den Seiten sitzen oder er trifft in den nächsten Tagen zielstrebig und hungrig ein. Das kann eine ganze Bibliothek ruinieren.

Es gilt, das gesamte Buch von außen und Seite für Seite gründlich abzustauben. Damit sich der Staub nicht überall ringsherum niederläßt, machen Sie das am besten an frischer Luft auf dem Balkon oder auf der Terrasse. Allerdings sind direkte Sonneneinstrahlung ebenso auszuschließen wie hohe Luftfeuchtigkeit oder gar Regen.

Nehmen Sie das Buch in die Hand, halten es leicht schräg und klopfen Sie von unten mit der flachen Hand. Das Ganze

wiederholen Sie von der anderen Seite. So ist schon einmal das Gröbste entfernt.
Mit einem mittelharten Staubpinsel wird jetzt Strich neben Strich in Längsrichtung und auch quer gewischt. Nehmen Sie das Buch so in die Hand, daß Sie um den Rücken herumgreifen. Erst einmal werden die zusammengepreßten Kanten der Seiten entstaubt, dann der Rücken. Dann legen Sie das Buch auf den Tisch und zwar auf ein weißes Tuch und beginnen mit dem Abbürsten der Deckel. Sofort werden Sie schwarz auf weiß sehen, was da noch alles z. B. in einer Leinenstruktur haftete. Danach wird Seite für Seite ebenso sorgfältig abgestaubt. Jeder übermäßige Druck ist zu vermeiden, weil der Staub sonst in die tieferen Fasern eingestrichen wird und sich wie ein Kreidestrich abzeichnet.
Beim Durcharbeiten Seite für Seite werden sich alle Schäden und Schwachstellen gezeigt haben: Risse, Eselsohren und Schimmelflecken sowie Insektenfraß und fehlende Seiten. Gegen Löcher und fehlende Seiten kann man nichts machen, was zuerst gestoppt werden muß, ist der Schimmel.
Das abgestaubte Buch muß durchlüftet und getrocknet werden. Stellen Sie das Buch grundsätzlich erst einmal aufgefächert über Nacht in einen normal beheizten, gut durchlüfteten Raum. Sie können es durch eine kleine Hilfskonstruktion für die Deckel ein wenig abstützen. Wichtig ist, daß die Seiten so gefächert sind, daß überall frische Luft herankommt. So kann die Feuchtigkeit gut abziehen, und das Papier wird trocken.
Wenn Stockflecken vorhanden sind, legen Sie zwischen die Seiten Löschpapier (aber nur zwischen die betroffenen Seiten, sonst würde beim Zuschlagen des Buches der Rückeneinband zu sehr auf Spannung beansprucht werden). Legen Sie das Buch hin und lassen es über Nacht liegen. So wird die Feuchtigkeit aufgesogen.
Insektenpuder ist das geeignete Mittel, direkt und vorbeugend gegen tierische Schädlinge vorzugehen. Am besten streuen Sie es mit einem feinen Sieb oder einem feinen Salzstreuer in die Seiten ein und lassen es über Nacht einwirken. Sie können das Buch auch wieder aufgefächert hinstellen, aus einer Einkaufstüte ein Zelt drumherum bauen und in dieses

Zelt Insektenspray sprühen. Dann den unteren Rand so beschweren, daß nichts entweichen kann, und das Buch ebenfalls über Nacht im Nebelzelt stehen lassen. Direkt auf den Text sollte nicht gesprüht werden, weil die im Spray enthaltenen Lösungsmittel dem Druck schaden könnten.

Eselsohren werden feucht ausgebügelt

Wenn Sie Eselsohren oder verknickte Seiten entdecken (und das ist wohl immer der Fall), beherrschen Sie sich und knikken Sie nicht einfach wieder zurück. Zunächst soll das Buch entstaubt worden sein, denn jeder kräftige Daumenstrich auf dem beschmutzten Papier vergrößert nur den Schaden. Außerdem werden die Fasern durch das Zurückknicken ebenfalls beschädigt, es entsteht ein scharfer Falz. So paradox es klingt, die Knickzone soll ein wenig angefeuchtet werden. So weicht das Papier ein wenig auf und ist flexibel; es kann zurückgelegt werden, ohne daß die Fasern beansprucht werden. Dann legen Sie einen Bogen Löschpapier unter und einen darauf und bügeln den Schaden im wahrsten Sinne des Wortes aus.

Ausgerissene Seiten einleimen, eingerissene Seiten flicken

Ausgerissene oder halb eingerissene Seiten kann man leicht wieder einleimen. Dazu müssen sie allerdings erst einmal vollkommen herausgenommen werden. Dann legt man in Verfolgung des Risses, mindestens aber ½ cm vom Falz entfernt, einen feuchten Wollfaden auf die Seite, darunter wieder ein Löschpapier, damit die folgende Seite nicht in Mitleidenschaft gezogen wird. Ist das Papier gut durchgefeuchtet, kann die Seite durch leichtes Reißen herausgenommen werden. Genau unter die Rißlinie legt man einen schmalen Streifen Durchschlagpapier, bestreicht ihn mit Mehlkleister oder dünn angerührtem Tapetenkleister und setzt die Hälften darauf zusammen. Auch hier schützt Löschpapier wieder die angrenzenden Seiten. Aber lösen und wenden Sie es rechtzeitig, damit es nicht festklebt.

Geht der Riß direkt durchs Bedruckte, würde ein Papierstreifen natürlich die Buchstaben verdecken. Hier hilft durchsichtiges Klebeband. Es soll aber mattes, nichtglänzendes Klebeband sein (sogenanntes »unsichtbares Klebeband«), weil klare Klebebänder dazu neigen, hart zu werden und zu vergilben.

Leder und Pergament

Leder ist nur so lange geschmeidig, wie man es pflegt. Wir sehen das an anderen Gegenständen wie Kleidung, Taschen und ganz besonders bei Schuhen. Leder absorbiert Schwefelsäure aus der Luft, und das führt zum chemischen Verfall unseres Bucheinbandes. Das beginnt mit Rissen im oberen Rükkenfalz, bald platzen auch die glatten Flächen der Deckel auf, und es bilden sich überall schuppenartige Risse. Im Endstadium zerfällt der Einband in ein bröseliges Pulver. Den chemischen Verfall kann man nicht mehr stoppen, wohl aber läßt er sich verhindern.

Der Bucheinband wird zunächst mit handwarmem Wasser und Seife mit einem weichen Schwamm gewaschen (nur mit leichtem Druck auflegen oder ganz vorsichtig nur in einer Richtung streichen), dann stellen Sie das Buch aufgefächert auf und lassen es in einem gut durchlüfteten Raum über Nacht trocknen.

Mit einer Lederappretur wird der trockene Einband am nächsten Tag eingerieben. Dazu eignet sich z. B. Sattelseife, die es beim Schuhmacher oder im Sportgeschäft (Reiterbedarf) gibt. Lederpflegemitteln ist in der Regel Blei oder Pottasche beigemischt, die für den Oberflächenschutz sorgen. Diese Mischung kann man nach Angaben des Herstellers mit Metalloxiden einfärben, um so eine farbliche Angleichung an die Oberfläche zu erzielen. Poliert werden kann nach unterschiedlich langen Einwirkzeiten (Angaben des Herstellers).

Pergament wird ebenso wie Leder behandelt, aber die Haut ist wesentlich dünner. Das Pflegemittel darf nur in geringen Dosierungen aufgetragen werden.

Lederlack oder dünne aufgetragene Kaliumlaktatlösung schützt zuverlässig vor aggressiven Stoffen und verhindert den Verfall von Leder und Pergament.

Neu einbinden

Wenn die Beschädigungen grob, aber nicht zerstörend sind, d.h. z.B. ein Deckel ist gebrochen oder abgerissen, ein Einband vollständig losgerissen oder ein Rücken zerfleddert, kann mit ein wenig Geduld und Mühe dieser Schaden auch vom Laien behoben werden.

Ein Buch hat mehrere Bogen – das sind die Seiten, die in Bündeln zu 4–8 Doppelblättern gefalzt auf einen Leinenstreifen geleimt und genäht sind. Dieser Leinenstreifen ist etwa 2 cm breiter als der Seitenstapel und wird an die Deckel geleimt, die mit dem eigentlichen, immer leicht gerundeten Buchrücken verbunden sind.

In manchen Fällen kann es durchaus genügen, den Leinenstreifen auf dem Heftstapelrücken zu erneuern und mit den Deckeln zu verkleben. Die Verbindung Deckel/Leinenstreifen machen Sie am einfachsten und wegen der hohen Biegebeanspruchung mit einem modernen Kontaktkleber (ablüften und fest andrücken); auf den Heftrücken wird das Leinen mit Weißleim geleimt. Und in jedem Falle sollen die einzelnen Hefte mit dem neuen Leinenstreifen vernäht werden – wenn die Blätter an den Nahtstellen eingerissen oder lose sind, führen Sie den Faden versetzt dazu.

Wenn wir uns ein Buch genau ansehen, werden wir feststellen, daß es vorn und hinten ein Blatt gibt, das sowohl mit dem Deckel (vollflächig) und auch der ersten Hälfte (zu einem dünnen Streifen) verklebt ist. Das ist das Vorsatzpapier. Es ist vor den Leinenstreifen gesetzt, der den Heftstapel mit den Deckeln verbindet. Das machen wir auch, damit wir nicht gleich auf eine Häßlichkeit blicken, wenn wir das Buch aufschlagen. Das Vorsatzpapier wird auf einem etwa 1–2-cm-Streifen immer zuerst auf den Heftstapel geleimt (mit Weißleim). Dazu stoßen wir den Falz fest an den überstehenden Leinenstreifen. Jetzt kleben wir den Leinenstreifen an den Deckel, leimen aber noch nicht das Vorsatzpapier auf den Deckel.

Den alten Deckel – besonders, wenn er mit schönen Prägungen oder auch Einlegearbeiten gestaltet wurde – wollen wir erhalten. Wir tun das auch, die Arbeit ist die gleiche wie bei einem neuen Einband. Buchdeckel sind immer verstärkt, Buchrücken müssen flexibel sein und sind deshalb dünner. Wenn wir die Haut des Deckels retten wollen, müssen wir sie von dem Pappdeckel trennen. Dazu wird innen das Vorsatzpapier abgenommen und die geleimten Ränder des Leder- oder Leinenbezuges gelöst. Ganz vorsichtig versuchen wir, den Pappdeckel von seinem Bezug zu spalten. Man muß ihn immer und immer wieder mit einem Pinsel anfeuchten und dann Schicht für Schicht ablösen. Dieser Deckel muß ersetzt werden. Er wird eingeleimt (bei Leder mit Kontaktkleber, bei Leinen mit Weißleim), dann schlägt man die Ränder ein und leimt auch diese wieder fest.

Bei einem Neueinband ist das im Prinzip ebenso. Es muß der Rücken erneuert werden. Er soll aus kräftigem, flexiblen Karton sein. 2–3 cm breiter als der Buchblock. Zunächst kerben (nicht ritzen!) wir die Seitenfalze ein, dann runden wir den Rücken über einem Rundholz. Jetzt kleben wir die Seitenstreifen des Rückens am Vorsatzpapier auf dem Buchblock und an dem Leinenstreifen fest. Daran werden die Deckel geklebt. Es fehlt noch der Leineneinband. Er wird vollflächig mit Leim bestrichen, dann legen wir das Buch mit dem Rükken darauf, kippeln ein wenig nach links und recht, damit das Tuch an der Rundung haftet, und legen die Deckel auf. Dann fassen wir vorn am Buchblock an (die Deckel bleiben locker außen), halten das Buch mit dem Rücken zu uns und streichen den Rücken glatt. Mit dem Messerrücken oder einem Falzbein wird der Falz zwischen Rücken und Deckel eingestrichen. Dann stellen wir das Buch wieder auf den Rücken und streichen die Deckel in das Klebebett. Im Rückenfalz wird eingeschnitten, dann wird das überstehende Leinen mit einem dünnen Rundholz oder der Spitze des Falzbeines an die Innenseite des Rückens gestrichen. Wenn auch die Randstreifen auf die Innenseite des Deckels geleimt sind, wird als letztes das Vorsatzpapier glatt aufgeleimt. Das fertige Buch muß über Nacht mit einem Gewicht beschwert werden, damit der Kleber optimal abbindet.

Teppiche – vor Schaden bewahren, was täglich mit Füßen getreten wird

Von allen Einrichtungsgegenständen malträtieren wir den Fußbodenbelag tagtäglich am intensivsten. Wie sollten wir das auch vermeiden? Der Mensch bewegt sich nun einmal mittels seiner Füße vorwärts, und die steckt der Mitteleuropäer noch gern in mehr oder weniger schweres Leder und montiert daran mitunter noch Eisen. Und dann die Stöckelschuhe aus den 50er Jahren! Arme Teppiche!

Dort, wo die Teppiche geknüpft werden, geht man sehr viel schonender mit ihnen um. Im Orient betritt man den Teppich nur mit Filzpantoffeln oder auf Strümpfen. Offenbar weiß man dort aus eigener Anschauung die unendliche Mühe zu schätzen, die mit dem Knüpfen eines echten Teppichs verbunden ist. Auf einen Quadratmeter kommen je nach Qualität bis zu 800 000, ja sogar 1 000 000 Knoten. Und jeder ist von Hand gezogen. Gebräuchlich sind 200 000 bis 300 000 Knoten je Quadratmeter.

Manch einer wird bei diesen enormen Zahlen denken: Nun ja, was soll's, wenn da ein oder zwei locker sind? Aber das ist bereits der Anfang vom Ende. Es wird nicht bei dem einen Faden bleiben, sehr bald und sehr schnell wird sich die Schadstelle ausweiten.

Ständige Kontrolle schützt vor ernsthaften Schäden

Treten Sie Ihren echten Perser also nicht nur tagaus tagein mit Füßen, schenken Sie ihm auch ab und zu einen aufmerksamen Blick. Allgemein gilt für Orientteppiche, daß die Knoten immer ausgezeichnet und fest geknüpft sind – nur beim Randabschluß kann es kritisch werden. Nicht an den Seiten, sondern oben und unten, dort wo die längslaufenden Kettfäden zu Fransen geknotet sind oder einfach auslaufen. Ein guter Teppich sollte nach dem Flor noch einen möglichst brei-

ten, aus Schuß- und Kettfäden gewebten Rand haben. Wenn dann einmal dieser Rand beschädigt ist, bleibt genügend Länge, um den Schaden zu beheben. Die Seitenkanten sind mit einer Umwicklung aus Wollgarn verstärkt.
Die Ränder sind die ersten Schwachpunkte, die es zu kontrollieren gilt. Dann geht es um die Florfläche allgemein. Sie sollte gleichmäßig lang oder kurz, d.h. möglichst gleichmäßig abgetreten sein.

Teppiche sind reine Naturprodukte

Nur Garn aus reiner Wolle, Baumwolle, Seide und gelegentlich auch Ziegenhaar wird zu echten Teppichen verarbeitet. Materialmix ist dabei durchaus üblich. Für das Grundgewebe, also die Kett- und Schußfäden, nimmt man meistens Baumwolle, weil die sich am genauesten spannen läßt. Für den Flor, die Knoten also, wird generell Schafwolle genommen. Schafwolle – von lebenden Tieren geschnitten – hat einen hohen Fettgehalt, den das Gewebe auch nach mehrmaligem Waschen behält und der die Fasern auch zuverlässig gegen Schmutz und Feuchtigkeit schützt. Die natürliche Elastizität garantiert, daß sich die Fasern immer wieder aufrichten, auch wenn der Teppich sehr strapaziert wurde.
Auch die Farben sind reine Naturprodukte. Sie werden nach uralten Rezepten, die oft das Geheimnis der Manufakturen sind oder in den Färberfamilien vom Vater an den Sohn weitergegeben werden, ausschließlich aus Naturprodukten hergestellt. Für die komplizierte Herstellung nimmt man Blätter, Wurzeln, Rinde, Beeren und Insekten. Das Färben selbst ist ein mühevoller und langwieriger Arbeitsvorgang. Durch das Waschen und Beizen wird die Wolle aufnahmebereit für den Farbstoff gemacht und dann bis zu zwanzigmal in den Sud getaucht und zwischendurch immer wieder getrocknet. Anilinfarben, die vor etwa hundert Jahren den mitunter monatelangen Färbevorgang auf wenige Stunden zusammenschrumpfen ließen, konnten sich nur am Anfang durchsetzen, weil sie recht schnell verbleichten. Naturfarben hingegen reifen mit zunehmendem Alter. Inzwischen sind auch die Kunstfarben dauerhaft geworden, aber man hat sich speziell bei

staatlichen Manufakturen im Iran besonnen und bevorzugt wieder Naturfarben.

Dreißig Knoten auf einen Quadratzentimeter – nur etwas für Spezialisten

Das muß man sich einmal vorstellen. Eine Standardbriefmarke – 10 Pfennig, Schloß Glücksburg – mißt 2 × 2,5 cm. Wenn Sie diese Marke auf einen Mud kleben, haben Sie mit Sicherheit 150 Knoten abgedeckt. Und die haben auch noch sehr unterschiedliche Farben.

Genau dies, die Dichte der Knoten und die Vielfalt der Farben, machen eine echte Teppichreparatur so schwierig. Man muß diesen Beruf lernen und die Finger ständig in Übung halten. Und trotzdem gibt es viele spezielle Knüpfarten aus den entlegensten Bergdörfern Irans, Afghanistans und der Türkei, die auch einem erfahrenen Teppichknüpfer Schwierigkeiten bereiten.

Aus diesem Grunde wollen wir uns hier beschränken, auf die ersten Anzeichen zu achten und durch richtige Pflege die Lebensdauer unseres guten Stückes zu verlängern. Und das gelingt mit ein wenig Aufmerksamkeit und geringer Mühe ausgezeichnet.

Gute Pflege erhöht die Lebensdauer um 25 Jahre und mehr

Nein, Sie sollen Ihren echten Orientteppich jetzt nicht umzäunen oder hinter Glas vor jeder Berührung verbergen. Der Teppich will und muß getreten werden. Das hält die Wollfasern geschmeidig und läßt sie immer wieder durchfedern.

Aber Sie sollen ihn auch nicht nur an einer Stelle treten. Man sieht es Teppichen an, wenn sie jahrelang an ein und derselben Stelle gelegen haben. Wie bei einem Wildwechsel sind die gewohnheitsmäßigen Laufwege der Bewohner in ihn eingetreten. An diesen Stellen ist der Flor deutlich kürzer, an nicht so oft begangenen Stellen hingegen ist er noch schön hoch und flauschig.

Rotation ist das Zauberwort. Der erste Schritt zur Werterhaltung und Pflege ist die Bewegung. Wenn Sie schon täglich auf Ihrem echten Perser herumtraben, halten Sie ihn selbst doch auch ein wenig auf Trab. Legen Sie ihn in regelmäßigen Zeitabständen (etwa im Monatswechsel bei stark begangenen Zonen) ein wenig nach links, nach rechts, nach oben und nach unten. Zwanzig bis dreißig Zentimeter in jeder Richtung genügen vollauf.

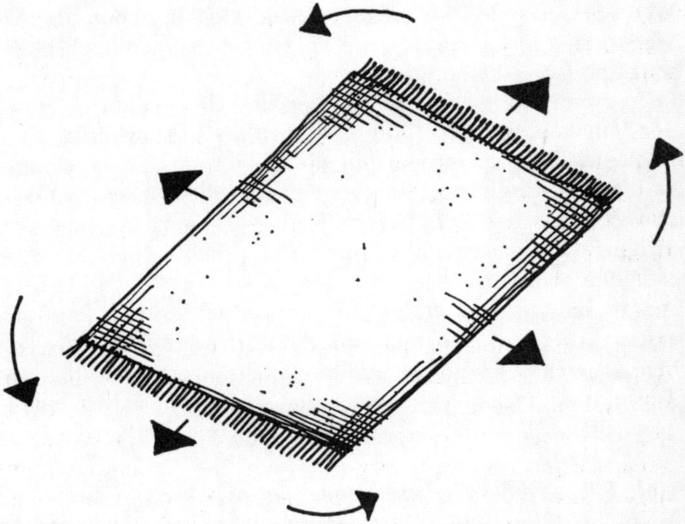

Den Teppich in regelmäßigen Zeitabständen verschieben und drehen.

Dadurch wird der Teppich gleichmäßig abgetreten und die Alterung tritt allgemein auf und nicht nur an bestimmten Stellen. So eine kleine Verschiebung fällt überhaupt nicht auf. Besonders die Ränder (Fransen ebenso wie Seiten) werden auf diese Weise sehr geschont.

Natürlich muß der Schmutz entfernt werden, und auch eine Reinigung ist in regelmäßigen Abständen nötig. Hier ein Zeitplan:

- Staubsaugen einmal in der Woche. Aber nur saugen, nicht bürsten und nicht klopfbürsten.

- Mit dem Klopfstaubsauger einmal im Jahr von der Rückseite klopfen, niemals über einer Teppichstange klopfen.
- Jedes Jahr erfrischen.
- Alle fünf Jahre reinigen.

Schmutz und Staub sind wie Schmirgelpapier
Sand- und Staubkörner sind niemals kugelrund und glatt – sie sind wie jeder andere Stein schartig und kantig. Und so etwas sitzt tief im Gewebe und wird mit jedem Schritt fester und tiefer eingetreten. Ja, und es kommen mit jedem Schritt neue Körner hinzu – auch wenn die Schuhe noch so gut und gründlich auf der Fußmatte abgetreten wurden.
Zwischen den einzelnen Fasern der Knoten-, Kett- und Schußfäden, die bei jedem Schritt aus- und einfedern, wirken die winzigen Körner wie Schleifdiamanten. Sie müssen entfernt werden.

Nicht gegen den Strich
Wie gesagt, einmal in der Woche soll der Teppich gesaugt werden. Aber nicht aufs Geratewohl, sondern überlegt und mit System. Das fängt beim Staubsauger an. Es soll ein einfacher Staubsauger sein. Ohne rotierende Bürste und ohne sogenannten Klopfmechanismus. Wenn Ihr Staubsauger mit diesen Attributen der »Wir-kriegen-schon-alles-rein,-und-wenn-wir-es-auch-kaputtmachen-Theorie« ausgestattet ist, benutzen Sie die zuschaltbare Bürste und den Klopfgang nicht für das normale, wöchentliche Staubsauben. Der Teppich soll wirklich nur gesaugt werden. Bürsten auf dem Flor, also von oben, pressen die Schmutzkörner nur noch fester in die Fasern, der Klopfgang holt wieder vom Unterboden hervor, was endlich durchgerieselt ist. In beiden Fällen wird nur Schaden bewirkt.
Wenn Sie mit dem Staubsauger über den Teppich fahren, lassen Sie ihn gleiten. Führen Sie den Staubsauger über den Flor, ohne auch nur den geringsten Druck auszuüben. Lieber etwas langsamer als zu schnell. Und vor allen Dingen soll nur in Laufrichtung und niemals gegen den Strich gesaugt werden. Wenn Sie gegen den Strich arbeiten, quetschen Sie locke-

ren Schmutz nur noch tiefer in das Gewebe und biegen die Fasern auch über Gebühr durch.

Und auf keinen Fall sollen die Fransen gesaugt werden. Sie leiden als erste. Am schlimmsten setzt ihnen die rotierende Bürste zu. Schutzlos und nackt liegt die Franse am Teppichrand auf dem glatten Fußboden und wird einfach abgerissen, der sichere Schritt zur totalen Zerstörung. Lassen Sie die Fransen einfach so liegen, wie sie sind, und setzen Sie den Staubsauger erst in sicherer Entfernung dazu an. Wer sie unbedingt ausrichten will (warum eigentlich?) kann das mit einer weichen Bürste machen. Und den berühmten Fransenkamm, dies Marterinstrument europäischer Ordnungsfetischisten, schmeißen Sie gleich in den Müll. Entweder jetzt den Kamm oder in ein paar Jahren den ruinierten Teppich.

Keine Schläge und nicht aufhängen

Sie stehen noch vielerorts in den Gärten oder neben den Hauseingängen, die Teppichklopfstangen. Ganze Generationen von Hausfrauen taten mit rhythmischen Schlägen auf dem darüber gehängten Teppich der ganzen Nachbarschaft kund, wie reinlich und gewissenhaft sie doch sind. Und für die Schulbuben war Teppichklopfen eine willkommene Gelegenheit, das Taschengeld aufzubessern.

Bitte ersparen Sie Ihrem Teppich diese Tortur. Durch sein Eigengewicht und die Wucht der Schläge werden die vielen, vielen tausend Knoten an der Knickstelle einer unvorstellbaren Reiß- und Dehnbelastung ausgesetzt, die sie unmöglich auf Dauer aushalten können.

Sie werden durch Klopfen auf der Stange zwar einigen Schmutz herausklopfen können, aber Sie erreichen nur, daß die enge Verknüpfung gelockert wird und daß der Teppich früher oder später auseinandergeht. Knoten für Knoten wird sich lösen, und wenn erst einmal der Anfang gemacht ist, ist es nicht weit bis zum endgültigen Verfall.

Jahresreinigung – nicht auf Schnee

Einmal im Jahr soll der Teppich aufgenommen und gründlich gereinigt werden. Dazu legen Sie ihn auf den Bauch, d.h. mit

der Florseite auf den Boden. Am besten auf den trockenen Rasen. Den Teppich auf den Schnee legen, so wie es früher gemacht wurde und auch heute noch empfohlen wird, empfiehlt sich nicht. Unsere Winter sind in der Regel feucht und naß – nicht so trocken und kalt wie im Kaukasus oder in den anatolischen Bergen. Die Feuchtigkeit aber ist der größte Feind jeden Stoffgewebes. Sie zieht in den Teppich ein, weicht den Schmutz auf, und der dreckige Schlamm bleibt als sichtbarer Fleck am Flor kleben. Weil der feuchte Schmutz am Teppich klebt, gibt es übrigens auch nichts zu klopfen. Also bleiben wir auf dem trockenen Rasen.
Geklopft wird übrigens nicht mit dem Klopfer, weil dadurch auch nur infolge der Wucht der Schläge die Knoten gelockert werden. Jetzt können Sie Ihren Klopfsauger benutzen. Aber bitte unter allen Umständen ohne die rotierende Bürste. Fahren Sie gründlich und ruhig mehrmals über die obenliegende Rückseite des Teppichs. Aber nicht kreuz und quer oder kreisend, sondern auch hier nur in Laufrichtung. Von einem Fransenende zum anderen. Es versteht sich von selbst, daß die Fransen völlig unangetastet bleiben.
Durch die Vibration des Klopfsaugers werden alle Staub- und Sandkörnchen gelockert und aufgesaugt oder fallen nach unten durch. Danach wird der Teppich umgedreht und nochmals von der Vorderseite gesaugt – natürlich ohne Klopfgang. Das ist alles.

Erfrischen und Waschen

Es gibt ein natürliches, uraltes Mittel, den Farben wieder neuen, frischen Glanz zu geben und auch die Wolle durch und durch zu erfrischen: echter Weißweinessig. Den benutzen Sie am besten gleich anschließend an die Jahresreinigung ebenfalls auf dem trockenen Rasen. Ein warmer Hochsommertag ist am besten, und Sie müssen gleich morgens beginnen, weil das Gewebe gründlich durchtrocknen muß.
Aber legen Sie den Teppich erst zwei Stunden nach Sonnenaufgang aus, dann hat sich die Morgenkühle verzogen und der Boden ist angewärmt.
Der Weißweinessig wird mit der doppelten Menge lauwar-

men Wassers vermischt (⅓ Essig, ⅔ Wasser) und mit einem weichen Schwamm aufgetragen. Aber nicht triefend naß, sondern nur leicht feucht. Tunken Sie den Schwamm in die Flüssigkeit, drücken Sie ihn leicht aus, und wischen Sie ohne Druck in Laufrichtung über den Teppich.

Den Rest des Tages soll der Teppich gut durchtrocknen. Er darf nicht von Schatten bedeckt werden. Und zwei Stunden vor Sonnenuntergang muß er wegen der aufsteigenden Abendkühle aufgenommen werden. Ein guter Trockenplatz ist ab Mittag die Steinterrasse. Sie hat sich dann schon so weit aufgeheizt, daß sie Wärme von unten abgibt und den Trokkenprozeß beschleunigt.

Gewaschen wird der Teppich nur alle fünf Jahre – das reicht vollkommen aus. Das machen Sie mit einem handelsüblichen Reinigungsschaum aus der Dose. Aber lesen Sie sich die Angaben des Herstellers über die Inhaltsstoffe genau durch, und zwar auch zwischen den Zeilen. Mitunter offenbart das Nachschlagen im lateinischen Wörterbuch wahre Abgründe von Aggressivität, die sonst im allgemeinen Text einfach untergehen und überlesen werden (oder auch überlesen werden sollen).

Der Schaum soll nie direkt auf den Teppich gesprüht werden, sondern erst einmal in eine Schüssel. Dann wird er wieder mit einem weichen Schwamm aufgetragen und leicht eingerieben – genau wie die Weinessigmischung beim Erfrischen.

Wichtig ist, daß der Teppich auch jetzt wieder gründlich durchtrocknen kann. Alle Rückstände werden sorgfältig abgesaugt.

Wenn Sie Ihren Teppich lieber in eine Wäscherei geben wollen, ist auch das in Ordnung – Sie ersparen sich viel Arbeit. Aber lassen Sie ihn dann spezialwaschen. Wenn man Ihnen keine Schadensgarantie gibt (und zwar schriftlich), gehen Sie zur Konkurrenz. Und lassen Sie sich ebenfalls schriftlich garantieren, daß kein Waschmittel verwandt wird, das Aktivchlor enthält.

Feuchtigkeit verdirbt das Gewebe

Feuchtigkeit im Teppich führt zu Farbschäden, Pilzbildung und zum totalen Verfall. Der Teppich wird mürbe und bricht.

Der Orientale schüttelt verzweifelt und wehklagend den Kopf, wenn er bemerkt, was wir Europäer einem Teppich alles zumuten. Das beginnt schon mit den Bodenvasen oder Pflanzen, die in Übertöpfen auf dem Teppich stehen. Die Druckstellen sind das geringste Übel. Wenn wir wieder nach dem Rotationsprinzip arbeiten, wird überhaupt nichts passieren – von der Gewichtsbelastung her.

Weil aber das Wasser in einer Bodenvase immer kühler als der Teppich auf dem Boden ist, bilden sich auf und speziell unter ihr Schwitzwasser. Das ist der Anfang vom Übel. Ganz sicher können Sie so etwas nur durch den guten alten Blumenhocker vermeiden, den die modernen Innenarchitekten schlichtweg vergessen haben oder vielleicht auch einfach nicht leiden mögen. Setzen Sie sich über diese Architektenwillkür hinweg. Es ist Ihr Orientteppich und es ist Ihr Vermögen, das durch eine solche Unsitte angegriffen und geschmälert wird.

Wenn der gesamte Teppich feucht ist, läßt sich das leicht erkennen. Wolle zieht sich unter Feuchtigkeit zusammen, und genau das tut der Teppich auch. Er wirkt leicht wellig – das sicherste Zeichen für Feuchtigkeit.

Tritt dieser Fall ein, heißt es zunächst einmal, den Teppich aufzunehmen und auf dem Rasen oder in einem trockenen Raum flach ausgelegt zu trocknen. Dann müssen Sie die Ursache für die Feuchtigkeit suchen und abstellen. Wenn der Raum z. B. vorher feucht aufgewischt wurde, ist die Ursache schnell gefunden. Die Konsequenz daraus: Niemals den Teppich auslegen, bevor der Untergrund nicht 100% trocken ist.

Die Motte

Sie ist äußerst gefräßig, und ihre natürliche Nahrung ist die Wolle. Wenn man sie entdeckt, ist es immer schon reichlich spät. Besser, Sie werden präventiv tätig, zumal die gefräßigen Tierchen im Laufe der Generationen resistent gegen viele Insektizide wurden.

Motten sind lichtscheu und nisten immer im Dunkeln. Sorgen Sie von vornherein dafür, daß der Teppich nicht ständig im Schatten liegt. Außerdem: Motten mögen keine Zugluft. Sorgen Sie also dafür, daß ständig frische Luft an den Teppich kommt. Wenn er unter dem alten Eichenschrank liegt, dann sollte das Möbel immer auf etwa 30 cm hohen Füßen stehen. Rotation ist das beste Mittel – aber gegen eine schwere Eichenwand, wenn sie erst einmal steht, kann man nichts machen. Vielleicht suchen Sie einen anderen Platz für den Teppich?
Einmal in der Woche saugen stört die Motte sehr in ihrer Ruhe, sie ist schließlich zugluftempfindlich. Unter Möbeln, die nicht zur Seite gerückt werden können, sollten Sie etwa alle Vierteljahr ein Insektizid sprühen. Es gilt auch hier die Rotation. Verwenden Sie immer ein anderes Mittel. Zum einen, damit sich die Schädlinge erst gar nicht daran gewöhnen, und zum anderen, weil sie ausgerechnet gegen das Mittel Ihrer Wahl schon resistent sein könnten.
Ganz nebenbei etwas gegen Motten tun läßt sich, wenn der Teppich zusammengerollt und aufgenommen wird – wie es in verschiedenen Gegenden Süddeutschlands während der Urlaubszeit noch üblich ist. Oder wenn renoviert wird bzw. wenn längere Handwerksarbeiten notwendig sind. Dann rollen Sie Zeitungspapier dazwischen und schlagen den Teppich darin ein. Motten mögen den Geruch von Druckerschwärze nicht, und das glatte Papier stört sie auch. Sie legen dort keine Eier ab – vielleicht auch, weil die Druckerschwärze und das glatte Papier die empfindliche Eierhaut angreifen.
Ein anderes natürliches Mittel sind schwarze Pfefferkörner. Seit alters her streut man in Klöstern Pfefferkörner in Gobelins ein, wenn sie von der Wand genommen und gefaltet werden. Auf so etwas kann man sich immer verlassen, die Mönche haben ihre Erfahrungen.

Der Teppich soll glatt und faltenfrei auf einer Unterlage liegen und immer gedreht werden.
Jede kleine Falte im Teppich führt über kurz oder lang zu einem Schaden. Wenn ständig draufgetreten wird, brechen die Fasern, und das Gewebe lockert sich.

Deshalb soll der Teppich immer glatt ausgelegt sein. Eine Unterlage aus Gummi ist empfehlenswert. Sie allein kann die Lebensdauer um 10–20 Jahre verlängern.
Weil sie eine dauerelastische Federwirkung gibt und als Rutschbremse wirkt. Unterlagen gibt es im Fachhandel. Sie haben leicht schaumstoffartigen Charakter und sind etwa 3 mm dick. Immer sollten sie vollflächig geschlossen sein. Die sogenannten Antirutschnetze aus Gummi sind nicht zu empfehlen, weil sie uneben sind und genau das Gegenteil bewirken.
Ständiges Drehen und seitliches Versetzen nach links/rechts und oben/unten sowie gute Luftzirkulation im Raum und das Vermeiden von ständigen Schattenzonen bieten die beste Überlebensgarantie für einen echten Orientteppich.

Literaturverzeichnis/Bildnachweis

H. HARENBERG, *Sammeln mit Gewinn.* Schuler Verlagsgesellschaft mbH, München, 1976.
A. KUGLER, *Bauernmöbel (Battenberg-Antiquitäten-Kat.).* München, 1979.
M. LUTZE, *Antiquitäten (Ver)führer.* Niedernhausen, 1977.
G. NAGEL, *Möbel (Battenberg-Antiquitäten-Kat.).* München, 1979.
A. SELING (Hrsg.), *Keyser's Antiquitäten-Lexikon für Sammler.* München, 1983.
E. SCHNAUS-LOREY, *Restaurieren von Möbeln.* Niedernhausen, 1982.
D. YOUNG, *Antiquitäten restaurieren und erhalten.* Keyser, München, 1974.

Zeitschriften:
Selbermachen, Hamburg, 1974–1977
zuhause, Hamburg, 1981

Bildnachweis:
Farbige Abbildungen: Jahreszeiten Verlag, Hamburg.

Biomedizin – die natürliche Alternative.

Alexander, Maximilian
Zoubek, Eugen
Schmerzfrei durch Biomedizin
– Neue Naturheilmethoden –
144 Seiten, 11,5 x 18 cm
DM 6,80
ISBN 3-612-20000-3
ETB 20000

Das Buch

Akute und chronische Schmerzzustände sind das Schicksal vieler Menschen und können oft einen Lebensweg beeinflussen und prägen. Die Biomedizin bietet eine natürliche Alternative zu den herkömmlichen Schmerzmitteln. Wirksame Präparate, auf rein biologischer Basis hergestellt, helfen Schmerzen ohne schädliche Nebenwirkungen überwinden, mobilisieren Eigenkräfte und setzten einen natürlichen Heilungsprozeß in Gang. Anhand zahlreicher Praxisbeispiele zeigen die Autoren, mit welchen Mitteln der modernen Naturmedizin der Mensch Krankheiten und Schmerzen vorbeugen und sich selbst erfolgreich behandeln kann.

Die Autoren

Maximilian Alexander arbeitet seit vielen Jahren als freier Journalist und Schriftsteller. Seine Spezialgebiete sind Medizin und Naturheilkunde.
Eugen Zoubek ist Homöopath und Arzt.

Mehr Spaß am Lernen – Mehr Zeit zum Spielen.

Beyer, Günther
So lernen Schüler leichter
– Gedächtnis- und Konzentrationstraining –
128 Seiten, 50 Grafiken
11,5 x 18 cm
DM 6.80
ISBN 3-612-20001-1
ETB 20001

Das Buch

Mangelhafte Konzentrationsfähigkeit und schlechtes Gedächtnis sind oft die Ursachen für ungenügende Leistungen in der Schule. Dieses Buch schafft Abhilfe: Kinder zwischen 8 und 15 Jahren erfahren, wie sie mit einfachen Lerntechniken ihr Gedächtnis schulen und ihre Konzentrationsfähigkeit erhöhen können, um besser zu werden, Spaß am schnellen Lernen zu finden und damit mehr Zeit zum Spielen zu haben.
Übungen und Kontrolltests helfen, Können und Leistungen zu steigern.

Der Autor

Günther Beyer ist Gründer des Eltern-Schüler-Förderkreises Nordrhein-Westfalen. Er leitet ein eigenes Institut für Creatives Lernen.
Im ECON-Verlag erschienen seine Ratgeber 'Creatives Lernen', 'Gedächtnis- und Konzentrationstraining' und 'Superwissen durch Alpha-Training'.

Das Standardwerk der biologischen Küche.

Danner, Helma
Biologisch kochen und backen
– Das Rezeptbuch der natürlichen Ernährung –
288 Seiten, 30 Zeichn.
11,5 x 18 cm
DM 14,80
ISBN 3-612-20003-8
ETB 20003

Das Buch

Natürliche Ernährung ist nicht nur gesund, sondern auch wohlschmekkend, durch sie können Krankheiten geheilt, gelindert und verhindert werden: Karies, Paradontose, Erkrankung des Bewegungsapparates, Zukkerkrankheit, Leber-, Gallen-, Nierenerkrankungen, Beschwerden der Verdauungsorgane, Gefäßerkrankungen u. v. a. m. Naturbelassene Ernährung bringt dem Menschen neuen Schwung, Elastizität, Ausdauer und hohe Konzentrationsfähigkeit, sie erhält ihn gesund und schlank.
Die Rezepte in diesem Buch sind praxiserprobt.

Die Autorin

Helma Danner ist Gesundheitsberaterin. Sie beschäftigt sich seit vielen Jahren mit der wissenschaftlichen- und Laienliteratur auf dem Ernährungssektor, mit neuesten und alten Gesundheits- und Kochbüchern.

Mit autogenem Training zu innerer Harmonie.

Eberlein, Gisela
Autogenes Training mit Kindern
112 Seiten
11,5 x 18 cm
DM 6,80
ISBN 3-612-20004-6
ETB 20004

Das Buch

Viele Kinder sind nervös, aufgeregt, schlafen schlecht, sind kontaktarm, inaktiv, unkonzentriert und ängstlich. Durch autogenes Training können diese Störungen behoben werden. Autogenes Training bringt Spannung und Entspannung, fördert Aktivität und Kreativität und hilft den Kindern, selbstsicher, mutig und frei zu werden. Dies Buch zeigt, wie Kinder autogenes Training unter Anwendung von Märchen erlernen und durchführen können und wie die Autorin selbst mit Kindern autogenes Training erfolgreich ausübte.

Die Autorin

Dr. med. Gisela Eberlein lehrt in eigener Praxis, in Seminaren und Arbeitsgemeinschaften autogenes Training. Sie wurde ausgezeichnet mit dem 'Hufeland-Preis' für vorbeugende Gesundheitspflege.

Akupunktur-Heilmethode für alle.

Ewald, Hans
Akupunktur für Jeden
– Eine Anleitung in Bildern –
128 Seiten, 76 Abb.
11,5 x 18 cm
DM 6,80
ISBN 3-612-20005-4
ETB 20005

Das Buch

Akupunktur heilt Krankheiten, behebt Funktionsstörungen, Akupunktur ist leicht zu erlernen und bewirkt in vielen Fällen unerhoffte Heilerfolge. Anhand von rund 90 Abbildungen und Zeichnungen erläutert der Autor die Meridiane und Punkte des Körpers, beschreibt Grundsätze der Diagnostik und Therapie, gibt Anleitung für Stichtiefe, Handhaltung und Nadelarten und liefert einen Bezugsnachweis für die Nadeln.
Innerhalb kurzer Zeit kann der Laie mit diesem Buch die Selbstbehandlung mit Akupuktur erlernen.

Der Autor

Dr. med. Hans Ewald erlernte Akupunktur in Asien und wendet die Heilmethode seit Jahren erfolgreich in eigener Praxis an. Beim ECON-Verlag erschienen seine Ratgeber Akupunktur und Akupressur, 'Akupressur für Jeden.

Wasser – Medikament für Kranke – Elixier für Gesunde.

Jäger, Gerhard
Wasser wirkt Wunder
– Natürliche Heilmethoden –
160 Seiten, 26 Abb.
11,5 x 18 cm
DM 6,80
ISBN 3-612-20006-2
ETB 20006

Das Buch

Wasser ist eine Medizin mit ganz besonderen Eigenschaften: Es härtet den Körper ab, schützt vor Krankheiten und kann viele Krankheiten und chronische Leiden heilen oder lindern.
Der Autor zeigt, wie Wassertherapie wirkt. Wirksam sind medizinische Bäder und Duschen, Wikkel und Güsse, Packungen, heiß, kalt oder wechselwarm, Lösungen mit Kräutern und anderen Zusatzstoffen. Die Wassertherapie hilft u. a. bei Rheuma und Durchblutungsstörungen, bei Herz- und Kreislauferkrankungen, bei Verdauungsstörungen, bei Leber- und Nierenproblemen und bei Infektionskrankheiten.

Der Autor

Gerhard Jäger ist Medizin-Journalist und Schriftsteller. Er praktiziert als Heilpraktiker in eigener Praxis.

Zum Arzt – oder nicht?

Vickery, Donald
Fries, James F.
Zum Arzt – oder nicht?
– Krankheiten erkennen und das Richtige tun –
304 Seiten, 65 Abb.
11,5 x 18 cm
DM 12,80
ISBN 3-612-20007-0
ETB 20007

Das Buch

Wie oft ist der Mensch angesichts körperlicher Beschwerden verunsichert und sucht den Arzt auf, wie oft hätte er sich selbst behandeln können, wie oft aber geht er auch zu spät zum Arzt?
Die häufigsten Beschwerden und Erkrankungen werden in diesem Buch charakterisiert. Bauchschmerzen, Durchfall, Husten, Schnittwunden, innere Schmerzen u.v.a. Krankheiten werden anhand der auftretenden Symptome beschrieben. Die Erscheinungsbilder werden schematisch aufgezeichnet und es wird gezeigt, wann ein Arzt aufgesucht werden muß und wann der Patient sich selbst behandeln kann.

Die Autoren

Donald Vickery und James Fries sind praktische Ärzte mit jeweils eigener Praxis.

Schlank im Schlaf.

Bierach, Alfred
Schlank im Schlaf durch vertiefte Entspannung
– Die SIS-Methode –
144 Seiten, 1 Grafik
11,5 x 18 cm
DM 6,80
ISBN 3-612-20008-9
ETB 20008

Das Buch

Durch vertiefte Entspannung im Schlaf schlank werden, dies ist eine neue Methode, die all jenen zu empfehlen ist, die ohne Mühe schlank werden und endlich wieder ihr Normalgewicht erreichen wollen. Im Zustand tiefster Entspannung suggeriert der Mensch seinem Unterbewußtsein ein verändertes Ernährungsprinzip und kann so bei Bewußtsein mühelos den neuen Weg einhalten. Eine wissenschaftlich und praxiserprobte Methode, die in psychosomatischen Kliniken angewandt wird.

Der Autor

Dr. Alfred Bierach, Psychotherapeut und Naturheilkundler, ist in eigener Praxis am Bodensee tätig. Mit der SIS-Methode hat er vielen Patienten geholfen, schlank zu werden.